ゲイカップル、代理母出産（サロガシー）の旅に出る

ふたりぱぱ

みっつん 著

現代書館

"ふたつとして同じサロガシーの旅はない——あなたがネットで読んだり人から聞いたことのある話は、必ずしもあなたのそれと同じにはならない。"

これは、日本×スウェーデンのゲイカップルである僕らが利用したサロガシー(代理母出産)エージェンシーが、最初に渡してくれたハンドブックの冒頭にあった言葉。この言葉の意味は、実際にその行程を経ていく中で身に染みていくようになった。この旅路には無数の分岐点があり、その都度選択をしていく作業。同じサロガシーと言えど、他のカップルは全然違う行程を歩いているのかもしれない。それに気づくとこの言葉の深さに気づく。もっとさかのぼれば、サロガシーをすると決めるその前にも、僕らにはたくさんの分岐点があった。子どもをもちたいのか、結婚をしたいのか、転勤先のロンドンに一緒に行きたいのか、もっと言えばパートナー／彼氏が欲しかったのか……。

多様性という言葉が叫ばれる今日だが、僕は"○○だから△△すべき"という言い方や考え方が苦手。人の人生にはいろんな分岐点があって、それは人それぞれで、なにが正解だなんて言えないし、ひとつの枠しかない

なんて窮屈でしかない。いつしか僕らのサロガシーの旅は、人生の旅路に重ね合わせられるかもしれないと思うようになった。

　本書は僕が立ち上げた「ふたりぱぱ」というブログの中の連載「サロガシーの旅」を書籍化したものになるのだが、僕がそのブログを始めようとしたのにはいくつか理由がある。そのひとつは、僕らの経験談が、同性カップルが子どもをもつこと。もうひとつは、サロガシーについての論議の材料のひとつになればということだった。この経験というのは、僕らがなにをどのように考え信じた道を選んできたのかであり、社会に対してサロガシーの可能性について考えるひとつのヒントになると信じている。僕らの選択が是か非かということは、僕らが出していく答えであり、他人にジャッジされるものではない。しかし、机上の空論でああだこうだと議論を重ねるだけでは、社会の中で求められる本当の答えは導き出されない。実際に行動してきたこの軌跡を伝えることが、その材料のひとつになればいい、というのがブログを始めた一番の理由だった。

　と、なんだかカッコつけたことばかり書いてしまったが、正直なところ、この僕らの選択を肯定的に見て欲しいという思いもあった。利己的な願いかもしれない。しかし、それは生まれてきた息子くんを守ることにつながる。日本人の親をもつ彼は、この先日本でも生きていく可能性だってある。日本には僕らの家族もいる。そのときにその社会で、彼の存在を否定されないためにも、少しでも理解を促したいのだ。ただ、サロガシーというテーマを語るとき、実情を知らないがために否定的な先入観がもたれることは少なくないだろう。それが息子くんを見る目に安直につながることを恐れたのだ。それに加えて、彼自身がこの本を読める年齢になって、読みたくなったら読んで欲しいとも思う。周囲からどのような目を向けられようとも、ふたりの父親がなにをどのように考え彼を迎え入れようとしたか。

いかにたくさんの人に支えられ、愛を享け、彼が生まれてきたのか。彼に対してはなにも隠すことはない。その揺るぎない事実と信念を知ることは、彼の存在に少なからず自信や自尊心を与えてくれると信じてやまない。

　また、僕がその経験をブログを通して伝えることで、少しでも誰かに希望を与えられるものになるかもしれないと、気づかせてくれた友人が周りにいてくれたことに感謝したい。本文にも登場する、「にじいろかぞく」の小野さん(この本のイラストもお願いした!)との出会いは、このブログを始める大きな推進力になったし、他にもたくさんの人に背中を強く押していただいた。自分自身、サロガシーについてだけではなく、「LGBTQが親になる」ということに関して、日本語での情報が極端に少なく、自分たちがそのプロセスを経ているとき、あればいいなぁと思っていた。今、日本にいるLGBTQの人で子どもをもちたいと思っていても、「どうせ無理だ」「それは海外の話でしょ」と諦めている人もいるかもしれない。確かに僕らも今は海外暮らしで日本とは環境が違う部分もある。しかし、せめて日本語でその話を読み様子を知ることができたら、もう少しリアルに感じてもらえるのではないか、子どもをもとうと行動に移す人も増えるのではないか。その期待は、そういう仲間が日本にも増えていって欲しいという個人的な願いでもあった。

　そして、ブログを書き進めるにつれ、これが誰かの希望のひとつになることに確信を得ていった。ブログ開設以来、SNSのコメント欄やブログのコンタクトフォームを通じたくさんの感想を受け取った。その中には、不妊治療が進行中のご夫婦、実際にサロガシーの旅に出始めた人、このブログを読んでサロガシーを考え始めたゲイカップル、ときにはサロガシーには賛成できないという意見も届いた。自分がゲイを公言しているゆえに、ゲイの人からの反響が多いのかとブログ開始当初は思っていたが、ゲイに限らず本当に多様なバックグラウンドをもつ人からメッセージを受け取っ

た。そういった多様な声を聞くたびに、僕のケースとは全く違っても、どこか共通する希望を感じてもらえたのではないかと、手応えを感じる今日この頃である。

　今まさにこの本を手にとって読んでいるあなたが、読み終わった後どのように感じるか、僕にはわからない。ただ、僕らのサロガシーの旅を読むことで、サロガシーや子どもをもつことに興味がある人はもちろん、それに興味がなくても、このサロガシーの旅の景色を記憶の端っこに残しておいてもらえたら幸いだ。将来、同性カップルに育てられる子どもやサロガシーで生まれた子どもにあなたが出会ったとき「そうか、そういう選択もあったね」と思い出し、それを心に秘めながら微笑んでくれるような社会になればいいなと想像しながら、サロガシーの旅、出発したいと思う。

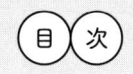

Step
3

IVFクリニック、そして妊娠へ………………143

Step 4

僕らの子どもに会いに行こう ………………………191

This book is dedicated to
the world strongest and kindest woman Stephanie,
and to my beloved husband Rickard.

Den här boken är tillägnad till
världens starkaste och snällaste kvinna Stephanie,
och till min älskade make Rickard.

この本を、
世界で一番強く優しいステファニーと、
最愛の夫リカルドへ捧げます。

Step 1

旅の準備は
知識と情報の
荷造りから

ゲイカップル、子どものこと考え始める

はじめの一歩、はじめのことば

なにがきっかけで僕らはこの旅に出たのだろう？　いつから子どもをもとうと思い始めたのだろう？　夫のリカに聞いてみるが、リカもはっきりとは覚えていないらしい。無理になにかを頑張るでもなく、わりと自然な流れでここまできたからだろうか。今振り返ってみると、僕だってはっきり覚えていない。リカに違う感じで聞いてみる。「ずっと前から子ども欲しいと思ってたの？」と聞くと、「前はそうでもなかったけど、最初の姪っ子が生まれてからかな。今思えばの話だけど、マリー（妹）の家族の様子を見たり、クリスマスに家族一緒に過ごして、その中に子どもがいるようになって、いいなぁって思うようになったんじゃないかな」と答える。そっか、ってな感じで相槌を打っていると、脳裏によぎった光景、それは飛行機の中だった。

「ね、みっつんは、子ども欲しい？」

と、リカに聞かれたときのこと。深刻な感じではなく、ふと思いついてふわっと聞いてみたという感じだった。

はじめての姪っ子、赤ん坊と過ごす家族の時間

2011年10月、僕らは週末を利用して、当時住んでいたロンドンから、はじめての赤ちゃんを産んだばかりのリカの妹夫婦を訪ね、スウェーデン

のマルメという町を訪れていた。妹夫婦のところには初孫を見に駆けつけたリカのご両親もきていて、6人で代わる代わるちっちゃな赤ちゃんを抱いたり、おっぱいを一生懸命に吸う姿を見たり、記念撮影をしようとすると大泣きしてしまったりしててんやわんやな感じだった。彼女が寝静まったらベビーカーにそっと乗せ、それを押しながら海辺を散歩したりもしていた。2泊だけではあったが、生後1カ月の赤ちゃんとそうやって過ごしていたから、リカのあの聞き方はいたって自然な流れだったように思う。

「そろそろできるかもねー」

と、少し冗談めかして僕はお腹をさすりながら、狭い飛行機の座席の隣同士笑って過ごしたのだった。その飛行機の中、さらに蘇る記憶の波。僕は4人きょうだい、年の離れた末っ子で、すでに5人の姪とふたりの甥がいる。その一番はじめの姪が生まれたときのことだ。窓の外の雲を見ながら思い出したのは、あるベビーバスだった。

僕が中学2年生の春、姉がはじめての出産を地元の総合病院で済ますと、1カ月ほど実家に戻ってきていて、生まれたてのその新しい家族の一員を家族総出で迎えていた。リビングに置いたちっちゃなベビーバスにお湯を張り、父がその初孫を入浴させているのを、文字通りみんなで囲んでいる様子が強く印象に残っている。父は赤ん坊の首のあたりを片手で支えながら4頭身の体を湯に浮かべ、頭にまだついている赤ん坊特有の白くカサカサした物体を、濡らした白いガーゼでそーっと湿らし流していく。部屋にはベビーオイルとベビーパウダーの匂いがしていた。それから時が経ち、その姪っ子にも弟やいとこができていった。

自分が末っ子だったからだろうか、あの頃は妹や弟ができたかのように感じ、一緒に遊んだり子守をしたりするのが好きだった。子どもが好きというより、目の前に生まれたての赤ちゃんがいて、それをかわいくて愛おしいと思うのが当たり前のように自然だった。その自然さは、いつかは自

step
1

分も誰かと結婚して子どもをつくり家庭をもつのだと刷り込まれるように思う理由になっていたし、実際二十歳過ぎまでは女性と付き合い、セックスも普通にしていた。しかし、大人になり男性と付き合うことが多くなるにつれ、その考え方は少しずつ薄れていった。「結婚することも、子どもをもつこともないんだろうな」。やがてそう考えるようになっていたのも自然だった。もちろんテレビやネットで、海外では同性婚が認められていたり、子どもを育てているゲイカップルがいるのは知っていたが、それはあくまで画面の中のこと。全くリアリティなんてなかった。自分がゲイなのに「親になる」という感覚なんて全く未知の世界だった。

　ふと気づくと、飛行機の窓から見えていたのは一面の雲の世界。ちょっとした非日常の世界。僕は空の上にいる。空を飛ぶという、昔ならありえなかったであろうことを、現代では1日に延べ10万機以上の飛行機が空を飛んでいるという。もしかしたらゲイが子どもをもつということも、ありえないことじゃないのかも、とぼんやり思っていた。
　今思えば、あのリカのひと言がはじめの一歩だったのかもしれない。あのときはちょっとした冗談だと思っていたのだが。自分のパートナーが自分たちのこととして、子どもの話を言葉にしただけで、ちょっと身近なものになったような気がした。もしかしたら、あのときすでに希望をもったのかもしれない。
　もちろん、あの頃はそのためになにをどうすればいいのか、なんてことまでは、僕もリカも全く考えてはいなかった。でも逆に、気軽にリカが聞いてくれたのは良かったんだと思う。あまり最初から深く考え過ぎてしまうと言葉にしづらくなってしまうし、考えるだけじゃ結局なにも進まない。今だから言えるけれど、結局はふたりで相談して少しずつ決めて行動していかなきゃいけないんだから。今パートナーがいなくても、将来子どもをもつことを考えている人がいたら、酔っ払ったついでに友達にちょっとそ

んな話題を振ってみるのもおもしろいんじゃないかと思う。できるできないの話じゃなくって、やってみたいかみたくないか、ってことだけでもいいんじゃないかと思ったりしている。

ゲイがわざわざ子どもをもつ、その必要があるのだろうか？

「世界的に見れば人口が増え過ぎて将来食糧危機になるって言ってるのに、もともと子どもができないゲイが、わざわざ高いお金出して、サロガシー（代理母出産）とかまでして子どもをもつ必要はないと思うんだよね」

ずいぶん前に、友達が言っていた言葉。まだ僕らが子どもをもつことを決めるずーっと前の話。飛行機の中での話から数カ月経った頃だったと思う。ある週末、僕は近所に住む友達の家を訪ねていた。ゲイの子ばっか、10人ほどで宅飲みをしていたときのこと。そのうちのひとりと話し込んでいた。僕の頭のどこかにあの話がこびりついていたのだろうか、話題はいつのまにか子どもについてのことになっていた。冒頭の発言はそのときの話。彼はまたこんなことも言っていた。「子どもは僕には考えられないかな。ま、見ればかわいいなとは思うけど、自分が育てていくってなると違うじゃん？　ゲイがいて子どもができないっていうのも、それはそれで自然の摂理の一部なんじゃないかなって思うし」それに対しては僕は、「そうだよねー。オレもそう思うー。人に反対はしないけど、自分となるとねー」っていう感じで、そのときは相槌を打ったりしていた。それは嘘ではなかったと思う。あの頃はまだ子どもの話もそんなに現実的ではなかったから。しかしそんなふうに返事をしながらも、自分もそう思っていたな、ということにも、同時に気づき始めていた。頭では彼の意見に同調してい

Step 1

るのに、どこかしら心の中になにか引っかかるものがあった。「自分もそう思っていた」——そう、少しだけ過去形になっていた。

＊　＊　＊

　ロンドンに移ったとき、ありがたいことに友達がすぐにたくさんできた。特にリカの昔からの友達がロンドンに住んでいて、困ったことがあると話を聞いてくれたり、アドバイスをくれたり、遊びに誘ってくれたりもして、本当に心強かった。しかし、その中に子どもを育てているゲイカップルはいない。子づくり、子育てに関して相談できる人はいなかったし、子どもを欲しい気持ちを共感できる人はいなかった。そんな中、あの飛行機での会話は「自分にも可能性があるかも」という思いとして、ほんの小さな染みのように心の隅に残っていたのだろう。共感できる人はいなかったが、それが逆に違う意見をもつ人の話を聞いたときに、自分はどうしたいかという素直な気持ちに、スポットライトを当ててくれたような気がしている。冒頭の彼も、ゲイが子どもをもつこと自体に反対したわけではないし、「彼は」子どもはもたない、と言ったまでだ。

　しかしあの会話は印象深く、これまでのサロガシーの旅の途中で、幾度も思い出されてきた。ゲイが子どもをもつということに批判的な意見に対して、自分が敏感になっていたのかもしれない。あの会話を思い出すたびに、「やっぱり、自分は子ども欲しいな」っていう気持ちに気づかされたし、そのたびにあの心の隅の小さな染みがどんどんと広がっていった気がする。ときとして、反対意見も自分に自信をつけてくれる味方になり得るのだと、最近ではそう感じている。

　サロガシーの旅のはじめのうちに、彼とあの会話をできて良かった。こういった類の話は、いささか白か黒かみたいな答えを出しがちではあるが、そんなことはせずに、いろいろ自分の中で少しずつ考えて、消化していく

にはいい会話だったかもしれない。そしてそれがいろんな人の意見を聞いてみようと思うきっかけになったとも思う。自分の意見は人と違うかもしれない、と思うとそれを口に出すことが臆病になってしまうことってあると思う。だけど、他人の違う意見を聞くことで自分の気持ちを再発見したり、自分自身に自信をもたせる練習になったりもした。そして今はこう思う。

　ＬＧＢＴＱが、わざわざ子どもをもつ必要はないかもしれない。子どもをもたずパートナーとの時間を大切にすることで幸せを感じる人もいるだろうし、独身でいるほうが幸せを感じるという人もいるだろう。それはＬＧＢＴＱに限ったことではなくストレートの人にも当てはまることだ。ストレートであれＬＧＢＴＱであれ、みんながみんな子どもをもつ必要はないという考え方の一部でしかない。もしもあなたがＬＧＢＴＱのひとりで、将来子どもが欲しいと考えているのであれば、それも素晴らしいことで、ストレートの人たちがそう思うのと同じようにとても自然なことだと思う。僕もそのひとりだ。子どもをもちたい、育てたいという気持ちを理屈で説明なんてできない。ＬＧＢＴＱが子どもをもつのに理由がいるというのなら、

　「あなたが子どもをもとうと思った理由はなんですか？」

　と、ストレートの人にも同じように質問をしたい。こんなことを自信をもって言えるようになったのは、これから紹介するサロガシーの旅を経てきたから。本当にたくさんの人といろんな話をして、少しずつ考えてきた。そしてこれからもそれを続けていきたいと思っている。そしてこんなふうにも思う。ＬＧＢＴＱがわざわざ子どもをもつ必要はないのかもしれないが、それと同時にＬＧＢＴＱがわざわざ子どもをもつ権利を捨てる必要も全くない。いつの日か、ＬＧＢＴＱが子どもをもつときに、“わざわざ”という言葉をつけなくても良くなる時代がくることを願っている。

LGBTQが親になる 4つの方法を調べてみた

　僕らがロンドンに引っ越してから1年が経とうとしていた2012年頃、実際にどうしたら子どもをもつことができるのかを調べ始めていた。僕らは結局サロガシーを選んだのだが、その過程で他の選択肢について考えることもとても重要だった。たくさんの選択肢があれば、自分たちに合った方法というのを選ぶことができるというものだ。

　僕らが住んでいた、イギリスのNHS（国民保健サービス）のホームページではLGBTQが子どもをもつ方法を大きく4つに分けて紹介していた。子どもをもちたいと考え始めた人にはとてもわかりやすいものだったので、ここではそれを参考にLGBTQが子どもを授かる可能性について紹介したい。今はまだ、日本じゃ無理なこともあるかもしれないけれど、今後LGBTQの権利がもっと認められるだろう将来のために、イギリスを例にあげて紹介したい。

　①養子縁組（アダプション）
　養子に関してはイギリス（イングランドとウェールズ）では2005年から、同性カップルも異性カップルと同じように、子どもを引きとることができるようになっている。養子をとる場合、エージェンシー（官民両方ある）を介し行われなければならない。

　イギリス政府のホームページ（https://www.gov.uk/child-adoption/overview）によると、その条件とは、21歳以上であり、かつ……
　・独身
　・既婚者
　・シヴィルパートナー

・結婚していないカップル（同性間・異性間問わず）

・その子どもの親のパートナー

しかも、1年以上イギリスに住んでおり、持ち家があるのであれば、イギリス国民でなくとも養子をとれるそうだ。将来転勤などでイギリスに行く可能性がある人には、あり得る話かもしれない。そしてそのプロセスはざっくり言うと3段階に分けられる。

1．エージェンシーに登録する

2．審査：社会福祉士による面接、家庭訪問、経済状況の確認

3．子どもを探すマッチング、そして数日間のトレーニングの後、子どもを迎え入れる

という流れになるそうだ。パートナーのいない人はいる人に比べ、審査が厳しくなるということ。パートナーがいる場合でも、それが結婚しているのか、シヴィル・パートナーシップなのかによっても、審査の基準や法的な申請の仕方、法的な親権の優先順位などが細かく変わってくる。審査やマッチングプロセスに時間がかかるのが当たり前で、それに対しての忍耐強さを覚悟しておいたほうがいいらしい。

実際にイギリスで養子をとる際、ゲイペアレンツであることは特に問題にはならない。ＬＧＢＴＱメディア「LETIBEE LIFE」、2015年12月13日の記事は、その様子をよく伝えているので引用したい。

> イングランド、同性カップルの養子縁組増加—12組の1組は同性カップルに！
>
> （中略）2007年に記録が開始された当時、1年間に養子として取られる子どもたちは、イングランド、スコットランド、ウェールズの3地域を合わせても90人だったが、今年は497人にまで増加している。

（http://life.letibee.com/1-in-12-adoptions/）

②共同養育（コー・ペアレンツ）

　コー・ペアレンツとは、元は"離婚後も子どもを共同で養育する親"という意味。つまりリレーションシップがない人間同士で子どもを養育するという既存の制度を、ＬＧＢＴＱが利用するようになったようだ。

　たとえば、友達同士のレズビアンとゲイとか、ゲイとその友達のストレートの女性など、またはゲイから精子提供を受けたレズビアンカップルの3人で、子どもを育てることなどもある。ある一定の定義に当てはめにくいが、基本的にはリレーションシップにない人の間で行われる養育方法。これは、その各ケースによってどの法律が適用されるのかが微妙に違い、それら法律的な問題も含め権利などが複雑化するが、基本的には実際に妊娠し出産した女性（実母）がまずは確実に親権をもち、その他の人間は出産前に法的な手続き（親権の獲得や、実母になにかあった場合の保護者が誰になるかなど）を行わなければならない。また、養育費の負担の割合や、役割（誰が子と同居するのかなど）などの取り決めも必要となる。

③精子提供（ドナー・インセミネーション）

　これはその名の通り、男性が女性に精子を提供し、人工授精により妊娠する方法。②のコーペアレンツで説明したように、手続きをとらなければ親権は得られないので、男性の場合、親になる方法というよりは、遺伝子を残す方法と言えるかもしれない。また女性、レズビアンの方にとっては提供を受ける側として身近に感じられる方法だろう。日本にもすでにこの方法で子どもを授かっている人もいる。

　ＮＨＳでは、自宅にてスポイトやシリンジで自ら行う人工授精も可能だが、ライセンスのある病院（不妊治療クリニック）で行うことを勧めている。それらの病院だと、精子の検査を行い、ＳＴＤ（性行為感染症）を含め健康状

態のチェックができるとともに、法的なアドバイスもしてもらえるからだ。

　親権については、ここイギリスでは最近法律が変わり、人工授精時にすでにシヴィルパートナーを結んでいる、もしくは結婚しているレズビアンカップルの場合、妊娠した女性のパートナーも自動的に親権を得られるようになった。しかしそうでなければ、後にアダプションの申請をしなければ親権は得られない。

　④代理母出産（サロガシー）

　サロガシーは、ＬＧＢＴＱの中でも、自身で妊娠ができない男性同士のカップルや性別適合手術を行った人にとって可能性の高いオプションのひとつになると思う。サロガシーとは、子どもが欲しくてもなんらかの理由で自ら妊娠できない人が、代わりに妊娠してくれる代理母に依頼し、体外受精（人工授精の場合もある）させた受精卵を代理母の子宮に着床させ、妊娠出産までを行ってもらうということだ。

　イギリスにおけるサロガシーは法律で認められており、不妊治療のひとつとしてＩＶＦ（体外受精）とともに受けることはできる。しかし商業的なサロガシーは認められていないので、代理母には〝適切な出費〟以外はお金を渡すことは禁じられており、ボランティアで引き受けてくれる人を探さなければならない。また、もし代理母が生まれた子どもの引き渡しを拒否した場合、それを止める術はない（法律上、分娩した女性の親権が一番強い）。そして、サロガシーのための広告・宣伝なども禁止されている。以上のようなことから、ここイギリスでサロガシーを行うのは非常に稀ということだが、全くないわけではない。ＣＯＴＳという非営利の団体がエージェンシーをしており、ゲイカップルもそこを通じて子どもを授かっているようだ。

　サロガシーはいまだに、倫理、法律、親権、子どもの権利、宗教などさまざまな要素において議論が交わされている。また、世界におけるサロガシーの状況は国によって随分と差があることも、調べていくうちにわかっ

てきた。その違いについては「代理母出産どこでできるの？　違法？　合法？　国別比較」の項(P.047)で説明したい。

　ここでは4つのオプション、をご紹介したが、その選択肢の中からどれを選ぶかはその人の生活スタイルや人生設計によるもので、どれが一番いいとか悪いとかという話ではない。
　リカと僕はカップルとしてふたりで子どもを育てていきたいというのはわかっていたので、①養子をとるか、④サロガシーをするかのどちらかに、はじめから選択肢が絞られていた。そのプロセスにおいては、少しずつご紹介していくが、このふたつから選ぶにあたり、それらの違いを比較して、自分たちの選択をするのにはもう少しサロガシーについて知っていく必要がありそうだった。

代理母出産について知っておくべき 3つの言葉

　前項ではＬＧＢＴＱが親になる4つの方法について調べたことを紹介した。もちろん、リカも僕もこれを調べた時点で全てを理解したというわけではなかったし、サロガシーを選ぶかも決めていなかった。実際にサロガシーの旅に出てみないと、わからないプロセスがいっぱいある。ここではこれからの旅で主要なキーワードになる3つの言葉、
　・ファティリティ(不妊治療の)
　・ＩＶＦ(体外受精)
　・サロガシー(代理母出産・代理懐胎)
について、少しお伝えしていきたい。

Fertility—ファティリティ：不妊治療

　もともとの意味として、"（土地土壌が）肥沃［豊か］なこと、豊饒" そして "多産；繁［生］殖能力" という意味があり、正式には fertility treatment で不妊治療という意味だが、話の流れによっては fertility のみで不妊治療のことを意味することもある。日本の表現だと「不妊治療」が一般的だが、直訳すると「受精（のための）治療」といった意味合いだ。対義語として sterility （不妊）がある。

　子どものことを考え始めたこの頃、不妊治療という言葉が自分たちゲイカップルに当てはまるのかがわからない、というか、しっくりこなかった気持ちも正直あった。しかし今では、「愛し合っている異性間カップルが、自然に子どもができないからと不妊治療を受けられるのならば、なぜ愛し合っている同性間カップルは不妊治療を受けられないのだろう」と思うようになった。ＬＧＢＴＱが不妊治療を受けることに対して、自然じゃないからと批判する人がいたら、ぜひ異性間カップルの不妊治療に対しても異議を唱えていただきたいと思う。それも自然じゃないじゃん、と言うなら、その理屈自体はまだ理解できる。

　代理母出産は不妊治療の一環だということを意識することは、大切だ。なぜなら、あなたが異性を愛そうが同性を愛そうが、不妊治療は誰しもが平等に受けられるものなのだから。その昔、輸血や開腹手術は、倫理や宗教的理由で禁止されていたことを思うと、ＬＧＢＴＱが不妊治療を受けるという感覚も、そう遠くない将来、普通のことになると個人的には思っている。また、最近では fertility treatment／不妊治療というより、ＡＲＴ （assisted reproductive technology）／生殖補助医療という言葉がよく使われるようだ。個人的にはこの言葉のほうが現在の状況に適していると感じている。

旅の準備は知識と情報の荷造りから

Step 1

ＩＶＦ（in vitro fertilization）──アイ・ヴィー・エフ：体外受精

　ＩＶＦとは生殖補助医療のひとつで、卵子を体内から取り出し体外で受精させることを指す。今ではほとんど使われない言葉だが、僕が子どもの頃「試験管ベイビー」という言葉があった。"in vitro" というのはラテン語で「試験管内の」という意味。

　人工授精という言葉は体内で受精が行われる場合に使われる。よくレズビアンの人の妊娠方法で、提供を受けた精液を専用のスポイトやシリンジで膣から子宮に送り込み体内で受精させる、というのを主に人工授精と呼ぶ。したがって、「人工授精」＝「ＩＶＦ」ではない。「授精」と「受精」の漢字の違いを英語で知ると、少しわかりやすいかもしれない。

- 授精／insemination：卵子に精子を引き合わせるという行為。上記のシリンジで精子を注入するその行為を、人工授精と呼ぶわけだ。
- 受精／fertilization：一般的に、精子と卵子が結合することを指す。体外受精では試験管またはシャーレの中で授精させ、精子と卵子を結合した受精卵ができるところまで見届けるので、こちらの言葉を使う。

　日本での体外受精の治療成績に関し、2016年9月16日の「朝日新聞」では次のように報道された。

　2014年の体外受精の治療成績によると、この年の体外受精で生まれた子どもは4万7322人（累計43万1626人）で過去最高を更新、うち8割近い3万6595人（累計21万4194人）が凍結を経て生まれた。ほとんどは受精卵を凍結したケースで、卵子の段階で凍結したケースが16人いた。14年には全国で約100万人の赤ちゃんが誕生しており、21人に1人が体外受精で、27人に1人が凍結保存を経て生まれた計算になる。

（https://www.asahi.com/articles/ASJ9J22W5J9JUBQU001.html）

Surrogacy—サロガシー：代理懐胎、代理母出産

　サロガシーは、子どもが欲しくてもなんらかの理由で自ら妊娠できない人が、代わりに妊娠してくれる代理母に依頼し、妊娠出産までを行ってもらうということだ。疾病によって子宮がない、または切除した人や、子宮があっても身体の障害によって子どもを妊娠・出産すると命に危険が及ぶ人、そして自ら妊娠することのできないゲイの男性にとっては最後の希望となる不妊治療だ。その方法には大きく分けてふたつある。

　・トラディッショナル・サロガシー（Traditional Surrogacy）

　・ジェステイショナル・サロガシー（Gestational Surrogacy）

　このふたつの大きな違いは卵子の出どころだ。トラディショナル・サロガシーは代理母の卵子を使い、ジェステイショナル・サロガシーは代理母と卵子提供者が別の人物となる。トラディショナル・サロガシーは人工授精型とも呼ばれ、代理母と卵子提供者が同一人物となるので、代理母と生まれてくる子どもの遺伝的なつながりができることになる。このトラディショナル・サロガシーには利点がいくつかある。サロガシーを行う場合、依頼者がその家族や親戚など血縁関係のある人に代理母を依頼し、同時に卵子提供者にもなってもらうことで、生まれてくる子どもとの遺伝的つながりをもつことができること。またＩＶＦよりも母体への負担が軽い人工授精ができることも利点だ。ゲイカップルが女性の家族や親類、友人に代理母を依頼をし、医療機関ではなく、自宅で人工授精を行う場合もあり、このトラディショナル・サロガシーに含まれる。その場合、かかる費用が大幅に安くなるのも事実だ。ただ、いいことばかりではない。代理母と卵子提供者が同一人物であることによって、子どもとのつながりや気持ちが強くなり過ぎる可能性が高く、依頼した側への引き渡し拒否、代理母の心

step
①

理的負担、家族間の関係不和などのトラブルになる可能性が高いと言われている。

　一方、ジェステイショナル・サロガシーは体外受精型（ＩＶＦ型）とも呼ばれ、代理母と卵子提供者が別である。そうすることで、生まれてくる子どもと代理母との遺伝的つながりを断ち、心理的なつながりを薄めることで、上記のようなトラブルのリスクを低くすることができる。ただトラディショナル・サロガシーとは逆に、必ずＩＶＦのプロセスが必要となるため、代理母と卵子提供者両方への体への負担や、費用が高額になるという点がある。最近では不妊治療クリニックで行われるほとんどの場合が、このジェステイショナル・サロガシーによって行われているということだ。

ふたりのママの家族と出会って

　この本を読んでいただいている人の中でも、実際に同性カップルが子どもをもち、育てている姿を思い浮かべるのはまだまだ無理と思っている人は多いと思う。批判的な気持ちというよりも、ただ想像できないという人も多いだろう。僕もそうだった。僕の親だってストレートカップルだったし、同性カップルに育てられた子どもなんて見たことも聞いたこともなかった。しかし、たったひとつのきっかけが、そのイメージを変えてしまうことだってある。ここではそんなエピソードをご紹介したい。

　子どもをもつことについてネットでいろいろ調べ始めたばかりの頃、ヨガのコースを一緒にとっている友達が家でバーベキューをするからと誘ってくれた。彼女の家に着くと、僕らはキッチンで野菜や果物を切ったり、

グラスや食器を裏に続く庭に運んだりしていた。彼女の家の庭の芝生が、青々と茂る爽やかなロンドンの夏。まだまだ陽が高いところにあった昼下がり、少しずつ人が集まってきた。最終的には15人くらいの人が集まっていたと思う。

そこにやってきたひとりの男の子、元気な声を出している。そして彼の両脇で手をつないで一緒にやってきたのはふたりの女性。とても理知的な印象のふたりだった。僕の友達がそのうちのひとりを紹介してくれた。どうやら会社の同僚らしい。握手をしてこちらも自己紹介をする。そして「うちの息子、4歳になったばかり」とその男の子を紹介してくれた。それに続きもうひとりの女性とも同じように、名前を交換し握手した。

僕らがお酒やジュースを飲みながら肉や野菜を焼き始めている間、その3人は仲良く芝生の上を駆け回って、追いかけっこをしたりちっちゃなサッカーボールを蹴り合ったりして遊んでいた。そしてそれを眺めていると、なんとなく妙な違和感を覚え始めた。

「ママー!!」

と叫ぶその男の子の声はそのふたりの女性の両方に向けられていた。それを聞いてはじめて気づいた。彼女らはレズビアンカップルで、男の子はふたりの子どもだったのだ。最初彼らを紹介されたとき、《母親はひとり》という自分の先入観が、それに気づくのを遅らせたのだと思う。片方の女性は同僚か誰かで、仲がいいからその男の子がなついているんだと思っていた。そう、これが僕がはじめて出会ったふたりのママがいる親子の姿だった。自然体でいる、特別じゃない、彼女らはここにいる。

なんとも説明しがたい気持になった。嬉しいような恥ずかしいような、なんだかドキドキしていたし、そのドキドキを相手に悟られてはならないとも瞬間的に思っていた。ちょっとした興奮と、それを抑制しようという気持ちが同居していた。

そして片方のママが子どもと遊んでいる間、もう片方のママは僕とリカ

とおしゃべりをしていた。彼女は、「男の子で元気がよ過ぎて大変」とか、「今は私が主に仕事をしていて、彼女が子どものことを主にやっている」とか、「でも、私も彼が小さいときは育児休暇をとった」とかそういうことを話してくれた。特に同性カップルだから大変だ、みたいな話はなかった。

　そんな中、湧いてくる疑問が当然あった。どうやって子どもを授かったのだろう。誰かから精子提供を受けて、ふたりのママのどちらかが自ら妊娠・出産したのだろうか。はたまた、養子をとったのかもしれないし、以前は男性と付き合っていてそのときにできた連れ子なのかもしれない。しかし、それらの疑問は頭に渦巻くだけで実際に口に出すことはなかった。聞きたい気持ちは正直強かったけれど、どうやって聞いていいかもわからなかったし、初対面でそんなこと聞いたら失礼にあたるような気持ちに、自然となった。そういう気持ちにさせたのは、彼女らがとても自然体だったからだと思う。「私たちLGBTQの家族ですよー！」という強い主張をするわけではなく、ただそこにいる、存在する、生活をしている、それだけだったのだ。なにより、目の前で楽しそうに、仲睦まじくしているこの3人を見ていると、それだけでなにが一番重要かというのを物語っていて、それ以上のことはどうでもいいことに思えてきた。

　ひとりのママが、「あなたたちは子どもをもつ予定あるの？」と聞いてきた。僕らは「実はまだ最近考え始めたばっかりで……」と言うと、「そう、いいわね。でも、子育ては思ってるより大変よ」と冗談めかしてその場を和やかにした。

　ゲイとして子どもをもつかもしれないと考え始めたあの頃、具体的なイメージがまだもてなかったのも事実だった。しかし、芝生の上で戯れるあの親子の姿は、その後幾度となくフラッシュバックのように脳裏によぎり、自分もやっぱり子どもをもちたいという気持ちに自信をもたせてくれたと思う。日常生活の中で、彼らのような存在に出逢うチャンスをもてたのは

ラッキーだったと言えるし、もし自分が実際に子どもをもてたときには、自然体でそこに存在する、そんな家族になりたいとも思うようになった。

　ロンドン市内で小学校の教師をしている友達から聞いた話だが、1学年にひとりかふたりの子どもの親がLGBTQだと言っていた。クラスにLGBTQの親をもつクラスメイトがいれば、子どものときから「そういう家族もあるんだ」と知ることができ、新しい普通になっていくだろう。これからはLGBTQ当事者だけでなくLGBTQで子どもをもつ人の存在も少しずつ可視化されていくのだろう。実際に存在し、目の前にいるという事実ほど、強いメッセージはない。

　もしあなたがLGBTQで子どもをもちたいという気持ちが少しでもあれば、無理だろうと頭から決めつけずにちょっとだけ視野を広げてみてはどうだろうか。日本でも実際に子どもを育てているLGBTQの人もいて、交流をはかるためのグループをつくっている人たちもいる。「百聞は一見にしかず」という言葉が見事に当てはまる、そんな経験に出逢えるかもしれない。

ロンドンが考える家族のカタチ
──モダンファミリー

あなたにとって家族の定義とは？

　子どもをもつかもしれないという気持ちがふくらんできた2012年の夏、ロンドンにあるテートブリテンという美術館が主催した、ひとつのアートワークショップに参加した。同年12月に予定されたイベントに向けて、半年をかけ、アート作品をデザインしたり、演劇のメソッドを使いパフォ

ーマンスをつくっていった。そのイベントで来場者に向けて問いかけるテーマはこういうものだった。

"What does family mean to you?"
（あなたにとって家族の意味とはなんですか？）

　ＬＧＢＴＱの人の中には、家族というものへの意味や価値を見出せない人も中にはいるかもしれない。もちろん家族との関係性に悩むかどうかはストレートだろうが、ＬＧＢＴＱだろうが、みな少なからずあると思う。ただ、ＬＧＢＴＱだと、それを相談したり共感できる人に出会うチャンスが、特に若いうちに少ないことは、社会の中でマイノリティであることによる不都合だと思う。ＬＧＢＴＱであることで起こる親子の確執、結婚できないことや、子どもがもてないことで、家族を築くことへの希望を捨ててしまうこともあるだろう。もしくは考えないようにしているといったほうがしっくりくる人もいるかもしれない。今じゃ、そういうことに悩んでいたかどうかも忘れかけてしまっているが、僕にもそんな時期があった。しかしこのワークショップに参加したことで、家族というものの認識が変わり、子どもをもとうか迷っていた僕の背中を押す、ひとつのきっかけになった。ここからはそのアートワークショップについて、それによって僕がどのように子どもをもつことに積極的になっていったかと、そこで出逢った人に言われて背中を押されたひと言をご紹介したい。

ロンドンの多様性が生み出す“モダンファミリー”とは？

　このワークショップでは演劇のメソッドを使い、自分たちが無意識に抱いている家族への思いや、自分の経験、家族のカタチという抽象的なものを、身体や物を使い作品として目に見えるようにしていった。半年ほどの

プロセスだったが、自分たちの経験をシェアしていく中で、作品の軸となるものが見えてきた。それは伝統的な家族のカタチと、これからくる（もしくはすでにきている）時代の家族のカタチ、モダンファミリーだ。

　日本であれば、家族といえば日本人同士の男女のカップルで子どもがいる人が「普通」とか「伝統的」だと呼ばれるんだろう。国際結婚がまだまだ特別なことのように思われてしまう感覚もあると思う。しかし多文化主義のロンドンではそのほうがマイノリティーである。実際、このワークショップの参加者や運営の人、また他のアーティストの中で、イギリス人のパートナーがいるイギリス人というのは完全にゼロだった。そして、ロンドンでは同性同士で結婚やパートナーシップを結んでいる人も全く珍しくないし、シングルファザーやシングルマザーの家族や、養子や里親制度を利用し養育をする家族も学校にいると、このワークショップに参加していた小学生の子どもをもつママさんが教えてくれた。また、このワークショップの参加者の中に独居の高齢者も何人かいたが、遠くに住んでいて会いにこない息子や娘よりも、近くに住んでいるボランティアや友達のほうが、今や私の家族だという話も聞いた。

　現代のロンドンで家族を語る際、同性カップルや、国際結婚の家族など、家族のカタチや意味といってもひとくくりにはできない多様性がある。作品をつくる過程で、来場者に「家族の意味とはなにか？」を問いながらも、伝統的な家族と、それと対比するように、現代の家族──「モダンファミリー」を提示していくことを軸に創作は進んでいった。しかし、日本だったら「普通」や「伝統的」と呼ばれる決まった型から外れていた場合、家族ととらえてくれるだろうか。東京ならまだしも、地方ではシングルマザーは「片親だから……」などといまだに言われるのだろうか。僕らのようなゲイカップルふたりは家族と認められないのだろうか。そんなことを頭に浮かべながら、ワークショップは進んでいくのだった。

ロンドンでの演劇ワークショップ

家族のいる場所、それは昔も今も変わらない

　このワークショップでいくつかのアート作品をつくり上げたのだが、家族を象徴するものとして僕らは「テーブル」というものを選んだ。それは幅広い世代の参加者、どこの国出身の人間にとっても当てはまる、ある共通の概念だった。それを僕らはこう呼んだ。

"Where There is a Table, There is a Family"
（テーブルのあるところ、家族あり）

　どんな家族でも、食卓としてのテーブルがありそれを囲む。国や地域によってはテーブルのかたちが違ったり、それがテーブルじゃない場合（たとえば床に布を敷くなど）もあるが、家族が集まる場所という概念が普遍的なものとして受けとめてもらえるのではないか、と考えたのだ。僕らは種類の違ういくつかのテーブルをデザイン、作成し、それを舞台としてさまざまな家族のカタチを演劇の手法を用い表現していった。そこには、男女で子どもを抱える姿もあれば、同性同士で愛し合う姿、お互いに憎み合う姿、家族の中で孤立する様、そして家族でお祝いをする姿。どれも家族の一場面を切り取ったイメージ。それぞれカタチは違えども、そこにテーブルが

あり、家族があった。

　ある日、僕はこのテーブルの模型をつくっていたのだが、その作業中にこんなことを考えていた。「家族」と聞いて、自分の頭の中に浮かぶ姿——男親と女親、そしてその子ども、という固定観念が、今までは頭の中にこびりついていたことに気づかされた。その固定観念がゲイとして家族を築いていくことへの不安をつくり上げていたのかもしれないと。しかし、それに気づくと、凝り固まった考え方をやめ、この模型をつくるように、自分なりのテーブルをつくっていけばいいのではないかと思うようになった。食事をともにし、成長し、笑顔や喜びを共有し、しかし、ときに衝突や争いになり、逆に寂しい思いをすることもある場所。家族という愛を感じられる場所でありながらも、関係が近過ぎるゆえにときに衝突してしまったりする場所。それは伝統的と言われる家族だろうが、モダンファミリーだろうが変わらないことだ。そしてそれはイギリスでも日本でも変わらないと信じている。

　あなたの記憶にあるテーブルはどんなものだっただろうか？

　そしてあなたはこれからどんなテーブルをつくっていくのだろうか？

生命（いのち）をつなぐ場所としての家族

　また別の作品として、ファミリーツリーと題した高さ5メートルを超える巨大なウィンドチャイムをつくった。ファミリーツリーとは英語で「家系図」という意味だ。ワークショップのはじめの頃、誰かが「ファミリーツリーを書いてみないか」という提案をしたのがきっかけだった。普段、そんなふうに家系図を書くことなんてない。由緒ある家庭でもあるまいしそんなこと気にしたこともなかった。しかし書いてみるとなかなかおもしろい。参加者みんなでそれを見せ合いながら、話をしていると誰かがふとこんなことを言った。

ウィンドチャイム

　「これをもっと調べていくと、おじいちゃんのおじいちゃんとかおばあちゃんのおばあちゃんとか、ものすごい人の数が上に向かって広がっていくんだろうね」

　そう、僕らは気づいた。僕らが今ここにいるのは膨大な数の人たちが過去にいてその人たちが出会いや別れを繰り返し、生命をつないでいった結果のひとつなんだということに。しかし生命をつなぐといっても、血のつながりのことだけを言っているのではない。人間は進化の過程で、家族という共同体をつくることによって、他の動物に比べ長い期間子どもを守り育てることを選んできた。それが知識や文化、生きる知恵をのちの世代に伝える効果的な方法だった。養子だったり里親だったり、血はつながっていなくとも、その知識や文化、生きる知恵を次の世代につなげていく、それも生命をつなぐことだと言えないだろうか？　何世代にもわたる生命の継承があって今の私たちがここにいる。世代を超えてつながれた家族、それを表現するために、僕らはスケールの大きいウィンドチャイムに家系図や家族の写真をを重ね合わせ、音を奏でることにしたのだ。

　子孫を残すというのは動物の本能のひとつであるが、"人間"の本能として見ると家族を築くことが組み込まれているように思う。ストレートで生まれようがLGBTQとして生まれようが、人間が家族をもちたいというのはとっても自然なことだ。もちろん中にはそうでない人もいるかもし

れない。ただ僕自身は、自らの家族を築いていきたいと自然に思ったのだ。完成した巨大なウィンドチャイムとその周りで走り回る子どもたちを見ながら、自分が子どもをもち家族を築きたいと思っていることが自然で、リカと僕が子どもと歩いている姿が、自然と思い浮かぶようになっていった。

しかし、それだけではまだ親になるぞと決断するところまではいっていなかったと思う。そんな躊躇が残る僕の背中を押したのが、そのワークショップで知り合ったしょうこさんだった。

親になるのは誰もが初体験、それはゲイもストレートも同じ

しょうこさんは日本出身でイギリス人の男性と結婚し、ふたりの子どもがいる。あの頃僕はまだ英語がそんなにしゃべることができなかったこともあり、いろいろと助けてもらった。そして一緒にものづくりを進める中、だんだんと仲良くさせてもらえるようになり、お互いの家に行き、いろんな話をするようになった。日本語で、ざっくばらんにおしゃべりできる人がいるのは、海外生活の中でちょっとしたオアシスのようだ。

ある日、しょうこさんのお宅に伺ってランチをご馳走になり、彼女の子どもとひとしきり遊んで、お茶をいただいているときのことだった。しょうこさんに聞かれた。「子どももつ予定とかないの?」。僕は内心どきりとした。しょうこさんは僕がゲイだとすでに知っているのに、そんな質問をしてきたのだ。そんな動揺を隠しながら、「実は最近考え始めたところなんです」、と答えてその会話が始まった。しょうこさんは僕が子どもと遊ぶ姿を見て、僕の子ども好きを見抜き、それで聞いてみたといった感じだった。しょうこさんは明るく笑顔でこう言った。「みっつんなら絶対いいパパになれるわよ〜」。

しかし子どもと遊ぶのと、親として育てるのとはわけが違う。こうやって子どもと遊ぶのは好きだし、わりとどんな子どももなついてくれる。し

かし、それは僕自身がまだ、子どもと同じレベルで遊んでいるからというだけだ。「子ども欲しい気持ちはあるけど、自分自身がまだ子どもっぽくて親になる自信なんてないし、うちの場合、ゲイとして親になるってなかなか想像つかなくって」、そう答えるとしょうこさんは言った。「親になる自信なんて誰にもないわよ。私だってなかった。誰だって親になるというのははじめての経験なんだから。それはゲイもストレートも同じじゃない？ 親のなり方は親になってから子どもに教わるものよ」。

ふっと気持ちが軽くなった気がした。

根底にあるみんな同じ人間じゃん？ っていう思い

そのときのしょうこさんの言葉は、シリアス過ぎたり重過ぎるわけでもなく、「1＋1＝2でしょ？」というテンションと同じように、当然のこととして語られていた。そういったとき、人は妙に納得してしまうものだ。それというのもしょうこさんの、人に対するオープンな性格と、彼女のそれまでの経験があったからだろう。

彼女は医療従事者として、仕事でたくさんのゲイの人と接することが多かったという。そしてたまたま夫の家族の中にもゲイの人がいて、彼のカミングアウトの場にも居合わせたことがあるらしい。そんなふうに一口にゲイと言ってもさまざまな境遇や人生を見てきた彼女からしたら「ゲイもストレートも結局みんな同じ人間じゃん？」ということがベースにあるらしい。

しょうこさんのように、明るく自然に話をしてくれる人と出会えてラッキーだった。それに加え彼女は自らが親になった経験など、常に実体験を基に意見を聞かせてくれる。これが変に重たい相談みたいになってしまっていたら、僕の背中はそう簡単に押されなかっただろう。

LGBTQペアレンツだけじゃなく、
アライのストレートペアレンツもいる

　「ママ友」のような、個人を群れのように集団化させてしまう言葉の使い方は好きではないが、子どもをもつ人間として、いろんなことを共有できる仲間がいるというのは心強い。僕らの友達の中で、LGBTQペアレンツはいなかったのだが、子どもをもつストレートの友人は増えていくばっかりだ。LGBTQペアレンツが少なく周りにいないことで、仲間がいないんじゃないかと思っていたが、なにも自分からストレートとLGBTQの境界をがっちり線引きする必要がないように思えてきた。親が子を愛し育てていくということ、両者に違いはない。また、子どもを育てるときは、ひとりじゃないんだと、さりげなくサポートしてくれたしょうこさんに感謝でいっぱいだ。アライ（＝ ally：LGBTQの権利向上支援をしたり、「異性愛が普通」という思想に異議を表明している人）のストレートペアレンツだっているのだ。

　僕はこのワークショップに参加したことで、本当の意味での大切な家族のカタチを発見することができた。そしてそこで得た知識、経験、そして友人は、僕とリカの家族計画においてとても重要なものとなったし、これから先子どもが生まれた後も大切にしていきたい。

　僕らは子どもをもつことを決めたカップルだけれど、全てのカップルが子どもをもたなきゃいけないわけじゃないとも思う。ただ、もし子どもをもちたいと願っている人がいるのなら、精一杯応援したいし、僕が背中を押してもらったように、その人の背中を押せたらいいなと思っている。

旅の準備は知識と情報の荷造りから

Step
1

子どものこと、家族への伝え方3ヵ条
──スウェーデン編

　リカと子どもをもつことを考え始めて1年以上が経ち、どうやったらできるか、どこでできるかを調べたりして、ふたりの間でいろんな話し合いもしてきた。そんなときリカがそろそろ家族に相談しようかと言い始めた。ストレートのカップルだったら「そろそろ子づくり始めます」とか言うはずないのだろうが、いくらLGBTQに寛容なスウェーデンと言えども、子どもをもつLGBTQの人たちはそこまで多くない。突然、「子どもができましたー」と言っても驚いてしまうだろう。ということで、まずはリカの家族に伝えることにした。最終的にはみんな理解が早かった。そのとき僕らが実際に心がけていたこと、ここではそれをお伝えしよう。

一番伝えやすい人を探す。

　僕らは東京からロンドンに引っ越して以来、距離が近くなったこともあり、夏と冬の年2回、スウェーデンのリカの両親が住む実家に遊びに行っていた。リカには妹と弟がいて、弟は実家の近くに住んでいるが、妹はスウェーデン国内だが遠く離れた街に住んでいる。だから、いつもみんな時期を合わせて帰省するようにしている。

　2013年の夏は、夏至が少し過ぎた6月の終わりから7月にかけて2週間ほど滞在していた。その出発前、サロガシーのことを誰に最初に言おうかということはふたりの中で決まっていた。それはリカの妹だった。リカが自分がゲイだと家族にカミングアウトしたとき、はじめに言ったのも妹だったという。彼が当時19歳、妹14歳。リカによると、そのときの反応は決してネガティブなものではなかったようだ。また時を同じくして母親に

も伝え、母親は父親にも伝えてくれたそうだ。

　閑話休題。2013年の夏休み、リカの妹はふたり目を妊娠中だった。子どもをもつ喜びを一番実感している最中の人だった。ちなみに僕らが結婚するときに、リカが男の人と結婚するということを伝えるのに、一番ハードルの高いおばあちゃんに、ゆっくりと説明してくれたのも彼女だった。家族が集まっていた時期だから、みんながいる場で一気に伝えることもできたかもしれないが、外堀を埋めるように理解者・仲間を少しずつ増やしていくほうが現実的だった。しかもまだ、具体的なプロセスが始まる前の段階だったから、ちょっと様子をうかがうように、まずは一番伝えやすい人から伝えるというのが、功を奏した気がする。

散歩しながら

　スウェーデンに行くと、リカの実家から車で2時間ほどのところにある、祖父母の住んでいた家をよく訪ねる。北極圏内にあるリカの両親の出身の村である。母方のおばあちゃんは健在だが、それ以外の祖父母は亡くなっている。今は誰も住んでいない義父の生家は、親戚中でサマーハウスとして利用している。その田舎の小さな村は、白樺の森と湖と、大きな滝のある自然豊かな場所だ。そこでの滞在中、リカが妹夫婦を散歩に誘った。北スウェーデンはこの時期白夜と呼ばれるように、1日中空は明るく気持ちのいい気候だ。妹は子どもをベビーカーに乗せ、静かな村の中を僕ら4人で歩き始めた。

　どうやら、これもリカの作戦だったようだ。15分くらい歩いたところでリカが僕らが子どもをもとうと思っていることを切り出した。妹は「あらそう、驚いた」と言いながらも、どこか予想もしていたのだろうか、そんなに驚いた様子ではなかったと思う。あまりに自然な導入だったので誰も気構えることもなく、スムースに話は進んでいった。しかしこれがもし、

散歩中の写真（左からリカ、リカの妹、妹の夫）

家の中の食卓だったらどうだろう。顔をつきあわせた会議のようになって、難しい話になってしまうような気がする。

　このときのことを思い出すと、緊張したとか、そういう気持ちはなかった。清々しい空気と景色の中、4人がほぼ1列にならんで、前に向かって一緒に、同じ方向へと進んでいるという感覚が蘇ってくる。一体、それがどれだけ好影響を与えたか、そんな科学的証明は僕にはできないが、散歩をしながら話をするというのは、ちょっと言いにくいことも、言いやすくなるような気がしている。

一度で全部わかってもらえると期待しない

　なんだかここまで書いていると、全てなにも障害がなかったかのように聞こえるかもしれないが、僕とリカの間でひとつ心配があった。リカの妹が昔から、ゲイもストレートも平等だと考えていて、オープンな人だというのはわかっていた。しかしサロガシーについてはどうだろう？　というのも、彼女は若い頃からフェミニズムに深く傾倒していて、仕事や大学での勉強もそれに関わるものだった。女性の権利や、性差別の払拭などにと

ても力を入れている人なのだ。代理母出産と聞くと、いい印象だけではなく、国によっては、女性を産む機械のように扱い、彼女らの健康や権利を損なう場合があるというのが、たまにニュースに出たりする。案の定、彼女からの質問は代理母の待遇についてのことに集中していた。僕らが子どもをもつことについては、とても喜んでくれているようだが、そこをなおざりにはできないぞという雰囲気が漂っていた。

　ただ、僕らもそこの部分についてはおろそかにしてきたつもりはない。だから、はじめから全てのことが理解してもらえると思わずに、自分たちが時間をかけて調べたり考えてきたことを、何度でもシェアしていけたらと思っていた。彼女の意見は、自分たちだけでは考えが及ばないようなことについての指摘など、女性目線、特に、出産を経験したことのある女性としての意見だった。そしてそれを聞けたことは重要だったなと思う。結局、この時点で妹夫婦は僕らの考えを理解し、応援してくれると言ってくれた。そして、リカのお母さんにはもうちょっとあとになってから伝えたのだが、やはり外を散歩しながら伝えたりと、同じ方法を使い、うまくいった。

　きっと僕らは恵まれているケースだと思う。しかし、これから僕らがゲイペアレンツとなり、社会の中で子どもと生きていくにあたって、周りの全ての人にすぐ理解してもらえるとは限らない。そのときに、一度で全部わかってもらえると思わずに、少しずつ時間をかけて、僕らの存在を証明していけたらなと思っている。と、まあ偉そうに書いているが、自分の日本の家族には子どもをもつことを伝えるのはこれからずっと後になってからのことだ。日本の家族にはどう言おうか、同じ方法で通用するのか。確実にスウェーデンの家族に言うよりは緊張するし、ハードルが高い。

Step
1

ゲイカップルの選択
——養子ではなくなぜ代理母出産を選んだか？

「ＬＧＢＴＱが親になる４つの方法」の項でも触れたのだが、リカと僕はふたりで子どもを自ら育てていきたいと思っていたので、子どもを授かる方法として、養子をとるのかサロガシーを通じてかのどちらかに絞られていた。そして、そのどちらを選ぶかをよく考えていた時期があった。2013年の夏から秋頃だったと思う。ここでは養子ではなくなぜ代理母出産を選んだかについてお伝えしたい。

養子で子どもを授かるのと、サロガシーで授かるのとで、大きな違いのひとつは、遺伝的つながりがあるかないかだ。自分は血のつながりのない子どもを育てていくことができるのだろうか、と考えていた。

昔、特別養子縁組で子どもの頃に養父母に引きとられたという友達がいた。彼曰く、反抗期の頃は実の親子でないことで悩んだり、その部分を強く親にあたったりしたこともあったという。しかし、それを過ぎてからは仲の良い親子になっていったようだ。もちろん、他人の僕が知らないところでの悩み、葛藤は彼にもあっただろう。しかし、この世に生を享ける限り悩みのない人間なんていない。また、万事なにごともうまくいく家庭なんてないだろう、それは遺伝的つながりがある家庭だってそうだ。彼の家にはよくお邪魔したのだが、彼の家族のあたたかさを垣間見られたことは、養子をとるというオプションにも希望を与えてくれていたのは確かだった。

遺伝的つながりに関して、リカと僕はもちろんあればいいなと思っていた。しかしそれが絶対のものではなかった気がする。ではなぜ、サロガシーだったのか。それを決めた理由というのは他にもあったし、いろいろ考えるプロセスもあった。

別の友達のひとりと、子どものことについて話をしていたときだった。僕らがサロガシーを選ぶかもしれないことを伝えると、「俺なら養子をとる」と言った。理由としては、いろいろあったのだが、ものすごくざっくり要約すると「桁違いのお金を払ってまで自分の遺伝にこだわる必要がない。親になってくれる人を待っている、そういう子どももたくさんいる。そこまでしなくてもいいんじゃないか？」というようなことだったと思う。いや、ごもっともといった感じだったが、正直なところ、若干批判されているとも感じた。

　しかし、子どもをもてないゲイカップルが、養子をとるという選択は、恵まれない子どもを助ける「正しいこと」なのだろうか？　そうだとするなら、養子をとるという行為はストレートカップルも含め、子どもをもてない人のみに期待される社会的役割なのだろうか？　自分の顔に似た子どもに出会う可能性があってもそれを捨てなければならないのだろうか？　このことについては、これから先も議論が分かれるところだと思う。みなさんが同じ状況ならどう考えるのだろうか？

　また養子縁組をする場合の審査の厳しさと、子どもとの相性についてもよく考えたことだった。イギリスで養子をとる場合、イギリス国籍がなくてもできるのだが、その条件として1年以上住んでおり持ち家がなければならない（その他の条件についてはP.020を参照）。僕らはロンドン在住中はずっと賃貸で持ち家ではなかった。もちろん家を買うことも視野に入れていたが、僕らふたりともこの国の出身ではなく、いつまた違うところに引っ越すかもしれないということもあり、ロンドンの異常なほどの不動産価格の上昇も相まって、実現にはいたらなかった。そんな持ち家がない僕らの場合、養子の審査からはじかれるのは目に見えていた。しかし、持ち家があったとしても、審査にパスするかはわからなかっただろう。養子の審査が

厳しいというのはいくつかの情報から得ていた。また、審査にパスしたとしても、子どもと引き合わされる際、お互いの相性が合わなければ、いつまで経っても養子縁組が成立しないこともあると聞いた。もちろん他人の子を、自分の子にするのだ。受け入れる側が厳しく審査を受けるのは当然の話だ。しかし、僕らは子どもを確実に授かりたかった。家を買って、審査を受けて、訓練をして、子どもを受け入れられない場合もあるというのは、できるだけ避けたかった。もちろんサロガシーも完璧ではない。時間と高いお金をかけて最終的にできない可能性はゼロではない。しかし、僕らの状況の場合は、養子をとるより、サロガシーのほうが子どもをもてる確率はかなり高いと考えていた。

　僕はゲイだと自認してから、子どもをもつという可能性はゼロだと思っていた。遠く海外のセレブリティがサロガシーで子どもを授かっているのを見て、それも自分には縁のないことだと思っていた。しかし、子どもをもてるかもしれないという期待は、理路整然とした説明などできない、遠い過去に置いてきた夢を取り戻すような感覚だった。もちろんサロガシーを選択したとしても、僕らふたり両方の遺伝子をもつ子どもはできない。それは承知の上だ。それでも自分か、もしくは愛する人に似た子どもを抱いたり、成長する姿を見られるのなら、見てみたいと思った。

　ゲイカップルとして子どもをもちたいといっても、いろんな状況があるだろう。養子かサロガシーかの選択は、遺伝的つながりが絶対に必要かどうかはもちろん、どちらが良いか悪いかではなく、どちらが自分たちの状況に合っているか、自分たちにはなにかできるか、といったことになると思う。僕らの場合は、こうして、サロガシーの方向を目指していくようになったのだ。

代理母出産どこでできるの？ 違法？ 合法？ 国別比較

"養子ではなくなぜ代理母出産を選んだか？"を考えていた同時期、僕らは複数の国のエージェンシーやクリニックのサイトをチェックし、サロガシーについて詳しく調べていた。国によって法律も違えば、金額もばらばらで、結構時間のかかる作業だった。なかなか国ごとの比較が見える情報はなかったからだ。

しかし、僕らがすでにサロガシーのエージェンシーとの契約も済ませた2014年、世界ではサロガシーにまつわるニュースがいくつかあり、国際的な議論を引き起こすきっかけとなっていた。たとえば、日本人男性がタイで、代理母を通じ、確認できているだけで16人以上の子どもをつくっていたという件や、同じくタイで代理母を通じて生まれた赤ん坊がダウン症だったことを理由に、依頼したオーストラリアの夫婦がその赤ん坊の引きとりを拒否したという件。イギリスＢＢＣでは、これらの件を機になかなか知ることのできない世界におけるサロガシーの状況をまとめていた（https://www.bbc.com/news/world-28679020　2014年8月6日付）。その記事は僕らがサロガシーについて調べていた後になってリリースされたものだったが、この記事がその前にあったら、相当楽だったと思う。ここではそのＢＢＣの記事の一部を参考にし、国別に比較していきたい（日本語訳は著者による）。

サロガシーは合法なのか？

サロガシーが合法か否かは、国によってまちまちだ。たとえば、フランス、ドイツ、イタリア、スペイン、ポルトガル、ブルガリアなどの国では

サロガシーを全面禁止している。一方、イギリスを含む、アイルランド、デンマークそしてベルギーなどでは、代理母に対してお金を支払わない場合、もしくは妥当な出費のみを支払う場合において認められている。つまり、代理母が報酬を得る、商業的サロガシーは禁止されている。

　商業的サロガシーが認められている国として、アメリカ(州による)、インド、ロシア、そしてウクライナなどがある。サロガシーによって親になりたいと、これらの国に渡航する人たちもいる。しかし、オーストラリアの一部の州などは商業的サロガシーのために他の国に渡ることを禁止しているところもある。

　サロガシーの準備・手配ができる国として、アメリカ、インド、タイ、ウクライナ、そしてロシアが渡航先として選ばれると専門家は言う。また、メキシコ、ネパール、ポーランド、ジョージアなどの国も、サロガシーができる。

国別、平均費用の比較

　ＢＢＣの記事によると、国際的なサロガシーに関するＮＰＯ「Families Through Surrogacy」が見積った、各国別、かかる費用のおおよその平均は次のようになっている(対円は2019年6月の平均相場で算出したものです)。

・アメリカ……100,000ドル(約1,081万円)
・インド………47,350ドル(約512万円)
・タイ…………52,000ドル(約563万円)
・ウクライナ…49,950ドル(約540万円)
・ジョージア…49,950ドル(約540万円)
・メキシコ……45,000ドル(約487万円)

(http://www.familiesthrusurrogacy.com/surrogacy-costs/) [1]

＊1　引用元のサイトを閲覧してみるとその内訳が見られのだが、アメリカを例にとってみると、そこには代理母にかける医療保険や生命保険、渡航費などが含まれておらず、実際にはこれ以上の費用が必要になると思われる。

2019年現在、Families Through Surrogacy のサイトでは情報が更新されており、ＢＢＣの記事とは違う金額になっている。全体的に費用が高くなっている傾向があるとともに、新しい情報ではタイが除外されているのが興味深い（このサイトは2019年7月現在、会員のみ閲覧可となっている）。

人々がそれぞれの国を選ぶ理由

　どれだけの子どもがサロガシーを通じて生まれているかという統計はそんなに多くない。ほとんどの国が公式な統計をとっていないためだ。生殖や家族に関する問題を特に扱っているイギリスの法律事務所Natalie Gamble Associates の弁護士、Nicola Scott氏によると、事務所のクライアントの25％がサロガシーの渡航先として、安全であるという理由でアメリカを選んでいるそうだ。

　「アメリカにはとても長いサロガシーの歴史があります。親になろうとする人たちがアメリカを選ぶ理由のひとつに、多くの州でサロガシーをするための体制が強固に築きあげられていることがあげられます、カリフォルニアは特にそうですね。そのしっかりとした規制が安全性に結びついていると考えられているようです」

　また同じくScott氏は話す。

　「アメリカ以外の国を目指す人たちの多くの理由は、費用を低く抑えることができるからです」

　しかしそれらの多くの国で、“サロガシーは違法ではないが、サポートする体制がない”ということも彼女は付け加えた。たとえば、今までタイではサロガシーに関するはっきりとした法律の整備がなかった。しかし現在サロガシーに関する法律の整備が進んでおり、タイの当局では現在、代理母は依頼者の血縁者に限ると発表している。またインドでも同様に法整備が進んでおり、限定的なサロガシーになるかもしれない。そうなると独

旅の準備は知識と情報の荷造りから

身やゲイカップルなどへの門扉を閉ざすことになりそうだ、と前出の Scott氏は話す[*2]。

代理母のリスクについて考える

　同記事によると、『International Surrogacy Arrangements』(Hart Publishing刊)の著者で、ＥＵと国際私法が専門のアバディーン大学教授である Paul Beaumont氏は次の３点が確実に保証されていることが重要だと、強く主張する。

- ・代理懐胎をする病院は厳密に統制(規制)されていること
- ・代理母は十分な補償を受け、そして適切な健康管理とともに適切な同意が行われること
- ・依頼者が、親になるために適しているかの考慮をされているかどうか

　タイでのオーストラリアの夫婦の件(P.047参照)のように、生まれてきた子どもがなにか障害をもっていた場合、依頼者がその育児を放棄し、分娩した代理母に残されてしまうというのが、規制・統制がなされていない場合に起こるリスクのひとつであり、それは多くの代理母についてまわる。また同教授は次の点も付け加えた。

　女性が暴利のために代理母として働くことを余儀なくされるリスクがあるなど、代理懐胎は、利益のためだけの産業となり悪用される可能性もある。またその搾取の確かな証拠をつかむことは難しいものだ(訳は著者による。一部読みやすさを考慮し構成を変え、補足しています)。

まとめと、サロガシーに関するここ数年の大きな変化

　このようにサロガシーと一口に言っても、その実施されている国によって状況はさまざまである。

*2　引用元のＢＢＣ記事(https://www.bbc.com/news/world-28679020)は2014年当時のものであり、その後タイでは2015年に外国人への商業的サロガシーが禁止(https://www.bbc.com/news/world-asia-31546717)され、インドは代理出産に対する規制を2012年から強化しており、同性カップルや独身者が同国で代理出産を利用することを禁止、2015年になって外国人への代理出産を認めないよう政府から指示が出たという(https://jp.wsj.com/articles/SB11656670854055994709504581324700712777990)。

まとめとして、サロガシーは、

・国によって、合法、違法、そして法整備が整っていない、もしくは全くない場合がある
・費用はアメリカが群を抜いて高く、他の国はほぼ同じ
・アメリカが渡航先として選ばれるのは、法整備が整っていて安全性につながっていると考えられるから
・アメリカ以外の国が渡航先として選ばれるのは、費用が安く抑えられるから
・どの国を選んだとしても代理母のリスクや権利について、熟慮するべき

　ここでは法整備、金額、代理母のリスクに的を絞って紹介したが、他にも倫理面での課題、社会的認知度、宗教的側面などにおいて、複雑な要素が絡み合っている。この内容を紹介するにあたって、2013年当時利用していたサイトなども改めて見直したりしていたのだが、この数年だけでもサロガシーをとりまく環境は世界的に変化していると感じた。2014年に起こった先述の事件に関しては、生まれてきた子どものことを思うとたまらなくなる。しかし、この事件がサロガシー自体にネガティブな印象を与えただけでなく、このBBCの記事のように人々にサロガシーについて考えるきっかけを与えることになったことを、せめてもの救いだと思いたい。

代理母出産の渡航先、アメリカに決めた3つの理由

　子どもをもつ方法として、サロガシーを選ぶ方向へと少しずつ向かって

いき、じゃあ、実際にどこでできるのかということも調べていった。そして2014年の1月、僕らは1通のメールを書いていた。アメリカでサロガシーを行うためのエージェンシー（代理業者／斡旋業者）へのメールだった。その時点で僕らはまだ決断はしていなかったのだが、なぜアメリカを渡航先の候補として選んだのか、そこにいたるまでにどういう思いがあったのか、紹介したい。

代理母の権利保障の信頼性

まず僕らがアメリカを渡航先に選んだ一番の理由は、代理母が十分な補償を受け、そして適切な健康管理とともに適切な同意が行われているかということだ。端的に言えば、代理母が産む機械のように扱われ搾取されないかどうかだ。そのことを証明するものはなかなかないのだが、僕らはこんなことからヒントを得ていた。

アメリカのエージェンシーでは基本的に代理母を募集するページがあり、その資格・条件のリストを詳しく載せていて、たとえば僕らが選んだエージェンシーだとそれが10以上の項目にわたる。それらは各エージェンシーによって微妙な違いはあるが、どこのエージェンシーも必ず入れている項目が次のようなものだ。

Do not participate in certain government aid programs including cash assistance, welfare, public housing
現金での補助や生活保護手当、公営住宅を含む、公的な経済的保護を受けていないこと

もちろんこれだけを見てジャッジはできない。しかし、経済的に困窮しているからと、自分の体を売るように妊娠・出産というリスクを負って、

代理母になりたいと名乗りでることは基本的にできないようになっている。彼女たちの健康管理やどのようにコンセンサス(同意)をとっているか、この時点では確認のしようがなかったが、こういった文言がどこのエージェンシーでも見られたことは、それがひとつの基準として常識になっていると考えた。一部の国では、お金に困っている女性が代理母をするために集められた"代理母村"と呼ばれる場所がつくられているという報道を目にしたことがあるが、アメリカではそれが行われているとは到底思えなかった。

　とは言え、サロガシーの情報というのは本当に限られていると思う。だからこそ、まずは直接話を聞いてみなければという気持ちがあった。ネット上で調べるだけでは見えてこないなにかがあるはずだった。今でこそ、実際のプロセスを経たことで、どのように代理母の安全やリスクを保障しているのか知ることができたが、それを調べていたこの頃は、その入り口にやっと到達したばかりだったと言えるかもしれない。

サロガシーに関しての法整備が進んでいる

　アメリカにした理由、ふたつ目。それは代理母の権利保障と並ぶ重要な要素のひとつ、親権に伴う法整備がきちんと整っていることだった。サロガシーを行うにあたり、起こり得るトラブルとしてあげられるのが親権の問題だ。依頼者は自らが妊娠できないから代理母に依頼をするのだが、実際に妊娠した代理母が、出産後に子どもの引き渡しを拒否する可能性はある。もちろんサロガシーは、代理母のコンセンサス(同意)なしではプロセスに入ることはありえない。そのために依頼者と代理母の間に同意書が交わされ文書として残るのだが、そこには生まれてくる子どもの親権を代理母は放棄する旨も含まれている(コーペアレンツの場合を除く、P.022参照)。

　しかし僕らが調べたところでは、サロガシーを行うほとんどの国で、分

Step 1

娩した母親の権利が法的に最も強く、いくら同意書にサインをしていたとしても、その同意書に法的拘束力はない。つまり代理母が子どもの引き渡しを拒否した場合、代理母出産の契約は無効との判断を裁判所でくだされる場合もあるという。それはイギリスの「Surrogacy Arrangements Act 1985」(1985年のサロガシーに関する法律)でも同じように取り決められている。

Any surrogacy agreement made between them beforehand is not legally enforceable, but can be taken in evidence by a judge.
サロガシー実施前に結ばれた契約は法的拘束力はないが、裁判になった場合証拠として受理されることができる[3]。

ちなみに、僕らはロンドンでサロガシーができないかと考えたこともあった。しかし商業的サロガシーが禁じられており、ボランティアで僕らの子どもを育ててくれる人を見つけるのは、可能性ゼロに近かった。もし見つかって妊娠までいったとしても、出産後に代理母が子どもを引きとりたいと言えば、僕らにはなす術がないかもしれない。わりと早々に、居住地ロンドンでのサロガシーはないと考えていた。

一方、サロガシーが合法化されているアメリカの一部の州においては、たとえ代理母が子どもの引き渡しを拒否することがあっても、同意書が交わされていて、その中で親権を放棄する旨が書かれていれば、その文書が有効と認められ、法的に優先されるという。ちなみにこの法律は子どもが生まれた場所の州法に則って適用されるので、どこに代理母が住んでいるかも重要になってくる。

「ベビーM事件」とそこからの30年

1985年に、アメリカでは先述した「ベビーM事件」と呼ばれる事件が起

[3] 2015年5月6日『The Guardian』より(https://www.theguardian.com/law/2015/may/06/high-court-orders-surrogate-mother-baby-gay-couple)

こり、それがサロガシーを規制する流れをつくったと言われている。

朝日新聞記者の杉山麻里子は著書『ルポ 同性カップルの子どもたち——アメリカ「ゲイビーブーム」を追う』(2016年、岩波書店刊、61頁)の中で、下記のように報告している。

　同州[ニューヨーク州：引用者注]で商業的代理出産を禁じる法律ができたのは一九九二年のことだ。隣のニュージャージー州で起きた「ベビーM事件」が契機となった。代理母が出産後、子どもを依頼者夫婦に引き渡すのを拒否し、裁判の結果、代理母が訪問権を獲得したケースだ。同州最高裁は「これは子どもの売買だ。少なくとも、母親になる権利の売買にあたる」とした。だが、時代は変わった。当時は代理母が自らの卵子を使って人工授精で妊娠する代理出産が主流だったが、現在は第三者の卵子を使った体外受精型の代理出産が九五％を占め、子どもの引き渡しを拒否する代理母はほとんどいなくなっている。

この事件自体は本当に残念な出来事だ。しかしそれと同時に、それ以降も30年にわたってサロガシーが行われてきたことも事実だ。ここにもあるように、代理母自らの卵子を使うトラディッショナル・サロガシーから第三者の卵子を使うジェステイショナル・サロガシー(P.027参照)に移行してきたことも含め、技術の進歩と経験の蓄積があったこの30年は、いかにリスクを抑え新しい命を授かるかを追求してきたものだったのだろう。でなければとっくに禁止になっているはずだ。

バイオテクノロジーの研究に関するNGOの調査によると、アメリカでは1年間に1,400人に近い子どもが生まれてきているという情報*4もある(ジェステイショナルサロガシーに限る)。このように、継続してサロガシーが行われているという事実は、過去30年の積み重ねとして、問題を解決する議論が行われ、それに基づいた規制が行われてきた証拠ではないだろうか。

*4 http://www.councilforresponsiblegenetics.org/pageDocuments/KAEVEJ0A1M.pdf

規制と聞くと、なにかを禁止するというイメージをもちがちだが、実際にはルールづくりであり、それに関わる人がトラブルにならないよう、微調整を繰り返した結果だ。また、法的な問題のみならず、サロガシーに関わるエージェンシー、クリニックの経験値や、社会的認知度も積み重なっていっているはずだ。長ければいいというわけではないが、それは大事なことだ。ちなみに「Family Through Surrogacy」によるとサロガシーの各国別、経験の長さはこのような順になっている[5]。

・アメリカ……………30年
・イギリス、カナダ…15年
・ギリシャ……………10$^+$年
・ジョージア…………10年

（2019年7月現在）

　もちろんアメリカ以外の国でサロガシーを行い、代理母も子どもも無事にいったケースもあるだろう。それを否定するつもりはない。しかし、僕らはできるだけトラブルになるリスクを減らしたかった。なにかトラブルがあったときに、その負担の矛先は生まれてきた子どもや、その子どもを預かり育ててくれる代理母に向けられることが多いのだから。

　前項でお伝えした通り、アメリカで行うサロガシーは他の国に比べ倍近く費用がかかるのは事実だ。しかし、僕らの幸せのために、誰かが不幸になってしまっては意味がない。僕らの選択によって、他の誰かが痛みや苦しみを背負ってしまうことになってしまえば、生まれてくる子どもにもそれを背負わせてしまうだろう。生まれてくる子どもの未来を考えたとき、その子どもが胸を張って生きていって欲しいと思っていた。それが、僕らがサロガシーの渡航先としてアメリカを選んだ理由だ。

　[5]　https://www.familiesthrusurrogacy.com/surrogacy-by-country/

代理母出産のエージェンシーってなに？
──エージェンシー、僕らの選び方

サロガシー・エージェンシーとは

　サロガシーをしようとするときに、人工授精型のトラディショナル・サロガシーではなく、ＩＶＦを伴うジェステイショナル・サロガシーを行うのであれば、不妊治療クリニック(Fertility Clinic)などの医療機関で行うことになる。実際、自分自身で病院にコンタクトをとり、ＩＶＦを受けることは可能ではあるのだが、代理母や卵子提供者を探したり、それに伴う法的手続きを行うこと全てを、自分たちだけで行うのは、不可能に近い。そこで、それらの仕事を一手に引き受けてくれる業者が、サロガシー・エージェンシーだ。彼らが行ってくれるのは簡単にまとめると次のようなこと。

- 担当のコーディネーターが契約から出産までの全体を把握し、手続きの補助やコーディネート
- 社会福祉士によるカウンセリング・スクリーニング(依頼者の適格審査、サポート)
- 代理母、卵子提供者の紹介・斡旋
- 生殖補助医療専門の弁護士による、契約書などの作成
- 依頼者の親権や、子どものパスポートの手配など(国際的サロガシーの場合)の法的手続き
- 代理母や卵子提供者と契約の際、間に入って交渉してくれる法定代理人の紹介
- 病院の紹介

　これらはあくまでひとつの例であり、エージェンシーによって行っている業務は異なる。なので、エージェンシーを探すときはそれぞれの違いを

旅の準備は知識と情報の荷造りから

Step 1

把握し、どこが自分たちの状況にあっているかを見つける必要があると思う。エージェンシーを探すときに、ネットを使って探し、メールやスカイプなどで質問したりすることになると思うのだが、実際調べ始めると、膨大な数のエージェンシーが出てきて、なにを基準に選べばいのか見当もつかなかったが、そのプロセスを半分以上過ぎた頃からやっと振り返ることもできた。ここからは、エージェンシーを選ぶときに僕らが気をつけたことを8つの項目に分けてご紹介したいと思う。

エージェンシー選び、8つのポイント

　ネットで "Surrogacy agency in the US" と検索をかけると、たくさんのエージェンシーが出てくる。どこも同じように見えるのだが、実際にはいろいろと違いがあるようだ。そこでここでは「Surrogacy Adviser」というサイトを併せてご紹介したい。このサイトは僕らがリサーチをした後になって見つけたものなのだが、実際にサロガシーをした人たちから集めたアンケートを基に、サロガシー・エージェンシーやクリニックを評価、データ化したものだ。ちなみにこのサイトは、あくまでアンケートに答えた人の数でしかないので、実際の数はエージェンシーのサイトを見るか、直接質問をすることが大切だ。依頼者の主観を基にしたアンケート・レビューなので、全てを鵜呑みにするわけにはいかないが、数あるエージェンシーのサイトをむやみやたらと歩き回るより、比較検討するのに見やすいサイトとなっている。また、一部アメリカ以外のエージェンシーも含まれているようだ。

　エージェンシーの比較検討をする際には、
　・各エージェンシーのサイトやブログを読む
　・エージェンシーが行っている無料でのコンサルテーション(スカイプや

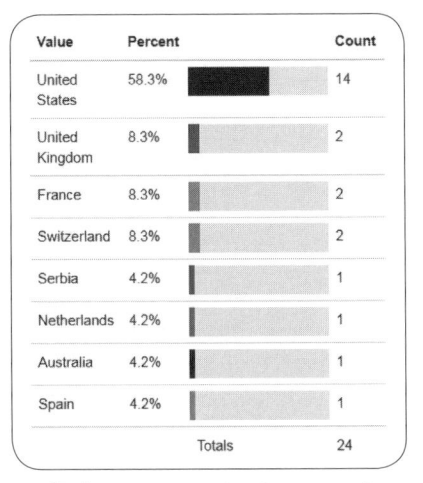

Value	Percent		Count
United States	58.3%		14
United Kingdom	8.3%		2
France	8.3%		2
Switzerland	8.3%		2
Serbia	4.2%		1
Netherlands	4.2%		1
Australia	4.2%		1
Spain	4.2%		1
	Totals		24

［図1］ California Fertility Partnersという
エージェンシーの国別実績数のスクリーンショット
（2019年5月18日閲覧）

メールなど）で質問する

・Surrogacy Adviser のようなまとめサイトを利用する[6]

などの方法があるが、そういったときに、チェックしておきたいポイントの8項目をご紹介していこう。

①過去の依頼者に自分と同じ国籍・在住国のケースがあったか？

上記で紹介したSurrogacy Adviserでは、さまざまなエージェンシーの情報を比較することができる［図1参照］。ほとんどのエージェンシーでは海外からの依頼——インターナショナルサロガシーを行っているが、その経験が豊富かどうか、また自分が住んでいる国からの依頼者が過去にいたかというのは重要だ。

彼らはアメリカのエージェンシーであって、実際に利用者が住んでいる国や国籍の法律のエキスパートではないので、それについて全てのことを知っているわけではない。しかし、過去の依頼者からなにか学んでいれば、子どもを自国へ連れ帰るときや、法的手続きへの知識があるかもしれない。

*6 http://www.surrogacyadvisor.com/directory/providers/

旅の準備は知識と情報の荷造りから

step 1

残念ながら、日本国籍・日本在住のゲイ（カップルの片方のみでも）の依頼者がいたエージェンシーはひとつも見つからなかったが、僕らはロンドンの弁護士事務所とも提携しているというエージェンシーを見つけた。そのエージェンシーは何組ものイギリス在住のカップルから依頼を受け、子どもが誕生しているということだったので、僕らにとって助かると思った。

②ゲイフレンドリーか？

サロガシーという特性上、異性間カップルだけでなく、ゲイカップルが利用を考えることは多いと思う。そして実際、ほとんどのエージェンシーがゲイフレンドリーだ。なのであまり「自分たちゲイカップルだけど大丈夫かな？」みたいな心配は全く必要ない。

各エージェンシーのサイトを覗くと、そこを利用した人たちの手記を載せているところが多い。ゲイカップルの手記を読んでみると、自分たちの状況に重ね合わせ、想像がしやすく、選択の基準にもなるかもしれない。またその会社の設立者がゲイであるということを公表しているところもあったりするので、そういう点も参考になるだろう。先述の比較サイトを見ると、図2のように依頼者の中でLGBTQとストレートの割合を示しているので、ゲイカップルの経験が多いところをお望みなら、それが参考になるかもしれない。

③Law Firm（弁護士事務所）かどうか？

Law Firm というのは弁護士事務所という意味だ。先の比較サイトを見ると、そこにチェックが付いているところとそうでないところとある［図3参照］。サロガシー・エージェンシーというのは、多くの場合が、生殖補助医療専門の弁護士事務所として立ち上がってきた歴史があるということだが、マッチングに特化しているエージェンシーもあり、わりとそこは費用が安いようだ。もちろん費用は抑えたいところだが、安いからといって依

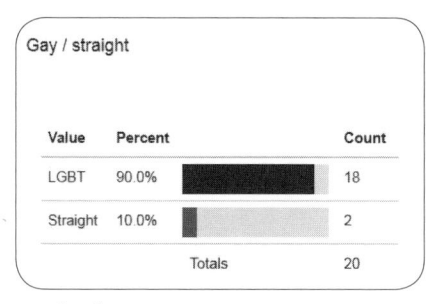

［図2］ California Fertility Partnersという
エージェンシーのカップル形態比率のスクリーンショット
（2019年5月18日閲覧）

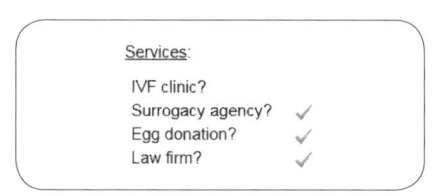

［図3］ A Family Tree Surrogacy, LLCという
エージェンシーのスクリーンショット。
提供している技術にチェックマークがついている。
（2019年5月18日閲覧）

頼しても、専門の弁護士がいないと、結局他に弁護士を雇わなくてはならず、費用が予想より大幅にかかってしまう可能性もあるかもしれない。

④卵子提供をしているか？

「Egg donation?」という項目がLaw Firmの上にあるのだが［図3参照］、そこは卵子提供を行っているかというところだ。もし卵子提供を自分の家族などにお願いする場合は必要ないのだが、そうではないゲイカップルの場合、卵子提供を受ける必要がある。自分たちは卵子提供が必要かどうかを、あらかじめ相談しておくことが大切だ。もちろんエージェンシーに頼まずに、自ら卵子バンクに連絡をとったり、後に依頼するIVFクリニックが卵子提供者を紹介してくれる場合もある。ちなみに僕らが選んだエージェンシーは、卵子提供者を紹介できるところだった。

step
①

⑤費用の差とプログラムの差

　コストについてだが、それはエージェンシーごとにどんなプログラムを行っているかによって差が出てくる。③のLaw Firmかどうかによっても違うし、同じエージェンシーの中でも、卵子提供者や代理母を（家族や友人などに依頼し）自ら用意するのか、それともエージェンシーに探してもらうのかによっても、金額が変わってくる。また、アメリカは自由診療が基本であり、日本のような国民皆保険システムではないため、代理母が自らの保険を使用しそれが妊娠・出産の際に利用できるかによっても違ってくる。もし、依頼者が代理母の保険をカバーしなければならない場合は、その費用も必要になる。各サイトに費用の概要は載っているが、それはあくまで目安でしかない。各エージェンシーに質問する機会があるなら、その提示している金額でサービス内容はなにが含まれているかを確認したほうがいい。

⑥代理母をどのように募集・審査しているか？

　前項でお伝えしたように、アメリカにおける代理母になる資格というのは、はっきりと法律で決められているわけではないが、各エージェンシーごとに資格や条件を設定している。それぞれのエージェンシーのサイトに行くと、代理母の募集をしているページがあり、資格や条件の一覧があったり、代理母になりたい人のためのQ＆A的なページがある。それを各エージェンシーごとに比べていくと、その条件に多少ばらつきがある。また、実際に契約前のコンサルテーション（相談会）で、エージェンシーの人にどのような審査が行われているかを直接聞くこともいいと思う（僕らが相談会でどのようなことを聞いたかなどは、「2回目の相談会で話したこと、聞いてみたこと」の項で紹介する）。個人的な感想だが、代理母になる資格が厳しいところのほうが、依頼者側からすると信頼できる。なぜなら、お金に困っている人に代理母をやらせるようなエージェンシーにはお願いしたくないからだ。

⑦エージェンシーの所在地はあまり重要じゃない

　僕らはロンドンに住んでいたので、大西洋を挟んだ東海岸のほうが渡航に便利だと思い、東海岸にオフィスがあるエージェンシーに重点をおいて検討していたのだが、今になってみると実際にはあまり関係なかったなとも思う。あくまで僕らのエージェンシーの場合だが、契約して以降、彼らのオフィスに行くことは皆無だからだ。全てのやりとりはメールとスカイプで行われている。もちろん直接面接が必須なエージェンシーもあるのかもしれない。

　実際にアメリカに渡航する機会はあるのだが、それはＩＶＦクリニックと、代理母に会いに行くときだ。そしてエージェンシーとＩＶＦクリニック、代理母の3者が全く別の州の所在であることは珍しくない。Surrogacy Adviser のリストを見ると、各エージェンシーがよく使う病院が合わせて載っていたりする。そこの所在地は参考になるのでチェックしておいた。また、直接エージェンシーと話す機会があれば、待機している代理母はどのあたりに住んでいる人が多いのか、利用するＩＶＦクリニックはどのあたりなのかを聞くことをお勧めする。

⑧エージェンシーの設立年と、そこで生まれた子どもの数は？

　僕らが選んだエージェンシーは、設立して20年ほど、数多くのサロガシーを取り扱ってきたところだ。もちろんただ長ければいい、というわけではないが、僕らは大切なポイントだと思っていた。アメリカにおけるサロガシーの歴史は30年以上と長いのだが、全てのエージェンシーがそれと同じだけの歴史があるわけではない。長いところもあれば短いところもある。

　代理母出産——サロガシーというのは依頼する人、代理母の状況など、さまざまな要因によってその行程は千差万別、十人十色。簡単に毎回同じように繰り返すというわけにはいかない。だからこそたくさんのケースを取り扱ってきた経験豊富なところを選びたいと思っていた。エージェンシ

ーのサイトに行くと、そのエージェンシーを通じ何人の赤ちゃんが生まれ
てきたか、またその成功率が、公表されているところもある。それを参考
にしない手はない。

　僕らがエージェンシーを選ぶ際に、注目していた８項目をご紹介したが、
僕らも最初からこの全てがわかっていたわけではない。後になって振り返
ってみると、こうしてたなっていうことだ。これが、他の人の旅に当ては
まるかはわからないが、はじめの一歩として、ひとつの参考になればと思
っている。そしてもしかしたらサロガシーを考えている人たちに必要な項
目数は、それぞれ違ってくるかもしれない。
　僕らはたくさんあるアメリカのエージェンシーの中から、３社まで絞っ
ていったのだが、その中のひとつが、ロンドン市内で相談会を開くという
情報を見つけた。それは肩肘張った会議のようなものではなく、実際にそ
のエージェンシーに依頼してサロガシーで子どもを授かった人がきて、話
が聞けるという。彼らもイギリスに住んでいるゲイペアレンツだ。そう、
実際に先輩ふたりぱぱに会えるのだ。リカと僕はちょうどいいタイミング
じゃないかと、早速参加しようと決めた。それは2014年１月のことだっ
た。僕らが親になるための道。それまではリサーチばかりでパソコンとに
らめっこするだけだったが、いよいよ行動に移るときだ。なんだか心のワ
クワク感は、新しい冒険に出るような気持ちだった。

はじめての相談会で出会った、「先輩ふたりぱぱ」

　僕らはバスに乗って、ホルボーン駅近くのホテルに向かっていた。とっ

ても寒いけれど、天気のいい日だった。緊張のせいなのか寒さのせいなのか、肩がずっと上がりっぱなしだったのを覚えている。いよいよサロガシーで子どもを授かったふたりのパパと会うのだ。

その相談会はイギリスに住んでいる人を対象に、アメリカのエージェンシーが開いたもの。申し込みのメールの後受け取った確認のメールには、"堅苦しいものではなく、そのエージェンシーを使い子どもを授かったゲイカップルが実際にきて、彼らの経験を聞いたりできる、カジュアルな集まり"だということだった。ここではその相談会の様子をお伝えしたい。

目の前に現れた、ふたりぱぱ

ホテルに着くと僕らは地下の会議室に案内された。そこにいたのは、参加確認のメール返信をしてくれたB氏。握手をし挨拶をすると、僕らの緊張をほぐすように気さくに話しかけてくれた。すでにそこには、僕らの他にもう1組のゲイカップルがいた。見た感じは僕らより10歳ほど年上のようだ。挨拶はしたが、お互いに緊張している感じがした。B氏一家はロンドンから少し離れたところに住んでいるらしく、前日から家族全員でロンドンにやってきてそのホテルにひと晩泊まっていたのだそうだ。しばらくすると部屋にいた彼のパートナーM氏と子どもたちも、その会議室に入ってきた。M氏がベビーカーを押し、小さな男の子の手をひいている。4歳だというその男の子は、少し恥ずかしそうにM氏に隠れながらこちらを覗いていた。そしてそのベビーカーにはまだ寝起きで少しご機嫌斜めな女の子が座っていた。まだ1歳になるかならないかという頃だったと思う。男の子は少しずつその場の雰囲気になれてくると、机の下に潜ったり、僕らのほうをチラチラ見るようになり、ふたりのパパの間を行ったりきたりしていた。この子が代理母を通じて生まれた子。そしてここにいるのがその子のふたりのパパ。その姿に自分たちを重ね合わせずにはいられなかっ

Step 1

た。というか、どんどんとそのイメージが広がってしまう。自分たちの子どもが生まれ、一緒に生活をしていくその姿。子どもを抱っこしている自分……、子どもをの手をひいて歩くリカ……、ぐずる子どもをふたりであやす姿……。レズビアンマザーズにはじめて会ったときとは全然違う感覚。ゲイカップルという自分たちに近い状況なだけに、パパがふたりいるというイメージのトレースが容易だったのかもしれない。

気軽な雰囲気のＱ＆Ａ

　挨拶、自己紹介、他愛もない世間話から始まり、自然とサロガシーの話になっていった。僕らはいろいろ質問することをリストにして書いていったのだが、もう１組のカップルの片方がそれ以上に下調べをしていたようで、マシンガンのように質問を並べていた。お陰でこちらはその恩恵をご相伴できるという感じだった。何回ほどアメリカとイギリスを往復したかとか、クリニックは紹介してもらえるが最終的には自分たちでリサーチして決めるとか、出産のときはどのタイミングでアメリカに飛んだのか、代理母との関係はうまくいっているのか、子どもが生まれてからの子育てについて、ゲイペアレンツとしてのご近所付き合いのことまで話は及んだ。

　また、医療の技術や施術の信頼性についてアメリカでのサロガシーは信頼がおけるとのことを、自身が医者であるＭ氏の口から聞けたことは安心できる材料になった。彼はまた、生殖補助医療という分野において、歴史が一番古く、その点での心配はなかったとも語った。そして、彼らのＩＶＦのプロセスを聞けたのも、その流れをイメージするのに役に立った。受精や着床、妊娠の成功率は、精子と卵子の年齢、また病院によっても違いがあるなど、ＩＶＦの基本的な流れを知ることができたのは、大きかった。

　ちなみに、そういったちょっと込み入った話をしている最中も、子どもが「パパ〜」と呼べばそこに行って、ちょっと相手をして、またもともと話

していた話題に戻るといった感じ。ときには子どもを抱っこしながら、いろんな話を聞かせてくれた。

　非常に和やかでリラックスした雰囲気で、彼らのサロガシーの旅の話を聞いていたのだが、もうひとつ興味深かったのは、彼らが代理母を通じて授かったのはひとり目の男の子のみで、ふたり目の女の子は養子として引きとったということだった。

　もともとこのカップルは最低ふたりの子どもが欲しいと願っていたそうだが、ひとり目が生まれた後、その大変なプロセスをもう一度繰り返すことに気が進まなかったようだ。もちろん子どもが生まれてきたときのあの感動をもってすれば、それまでの苦労が全部吹っ飛んでしまったということだが、それぐらいサロガシーの行程というのは、簡単じゃないよ、楽じゃないよ、ということを教えてくれた。また、このカップルの場合、すでにひとりの子どもを授かりきちんと育てている実績があることで、養子の審査も随分通りやすかったこともひとつの理由のようだった（養子をとるというオプションについて先述したが、その審査の厳しさについてはP.024、025でお伝えした通りだ）。

　とにかくふたり目は養子をとることにしたそうだが、彼らはラッキーだったようだ。というのも、たいていの場合イギリスで養子をとるとなると、赤ん坊の状態で引きとることは稀で、3歳以降の場合が多いそうだ。もちろんそれ自体はなにも悪いことではないのだが、自我が形成された後の子どもとのマッチングは難しいことが多いらしい。しかし彼らの場合、生後1週間ほどでその女の子を引きとったということだった。彼女の実母はまだ10代と若く、妊娠がわかった時点で自分の家族と相談し、出産前には養子に渡す手続きを始めていたらしい。僕らはすでにサロガシーか養子かの選択は決まっていたが、それでもこの時点で、サロガシーと養子と両方の経験がある人から話が聞けたのは有意義だった。しかも、彼らはそのエ

旅の準備は知識と情報の荷造りから

Step
1

ージェンシーの代表としてきているにもかかわらず、僕らに無理にサロガシーを勧めるわけでもなく、養子というオプションもあるよというのを教えてくれたのだ。商業的サロガシーのエージェントとしては顧客を取りたいところだろうが、依頼者がきちんと考え、自ら選択することを尊重してくれる、そんなエージェンシーの態度にとても好感がもてた。

　帰り道、ロンドンの赤い2階建てバスの上の階、一番前に座り見えた景色とともに思い出されるのは、沸々と湧いてくる期待や希望だったと思う。実際に存在する、ふたりぱぱとその子どもたち。彼らと接して、テンションが上がっていたのは確実だった。リカとふたりで顔を見合わせた瞬間の光景もはっきり覚えている。言葉にはできない高揚感みたいなものをお互いに感じていた。その興奮の一番の理由は、サロガシーについてもっと知ることができたこともあるが、それよりなにより、実際のふたりぱぱと会えたこと、そしてその子どもたちとふれ合えたこと。実際にお話ししたり、遊んだりして、やっぱり子ども欲しい、って確信をもてたこと。
　数日後、M氏から嬉しいメールが届いた。きてくれてありがとうっていうお礼とともに、僕らが帰った後のことが書かれていた。それによると、「下の子はみっつんをかなり気に入ったようだ」と書かれており、彼女は僕が帰ってしまうとそのドアを見つめ、指をさし、ぐずり出したそうだ。そんなことを聞いては、僕の親性(個人的には「父性」とか「母性」とかって幻想でしかないと思っているので、「親としての感情」って意味で!)がどんどんくすぐられるというものだ。
　そしてそのメールには翌月の3月、今度はもう少し詳しいことを専門の弁護士がきて説明してくれる2回目の相談会があるということも付け加えられていた。興味があったら連絡してくれということで、リカと僕は参加することを伝えたのだった。

2回目の相談会で話したこと、聞いてみたこと
——親権、国籍、代理母について

　最初の相談会の翌月、2回目の相談会に参加した。アメリカからそのエージェンシーに所属する弁護士が実際にきて、個別に相談にのってくれるということだった。どんなことについて話したか、僕らの個人的な情報やなにをどう選択したかなど、詳しくお伝えできないこともある。もどかしい書き方になってしまう部分もあるかもしれないけれど、それをご了承いただいた上で、読んでいただけたらと思う。

IPプロフィールを基に話は始まる

　ロンドン市内のとあるホテルの1室に通されると、アメリカから渡英したという弁護士のD氏と握手を交わし、挨拶をした。軽い談笑の後、早速サロガシーの話に入る。

　実はこの2回目の相談会の前に、エージェンシーに提出していた書類があった。そのフォームはインテンディッド・ペアレンツ*7・プロフィール（IPプロフィール）と呼ばれるもので、自分たちのことを記入し、エージェンシーに知らせるフォームのことだ（これについては次項で紹介する）。このIPプロフィールを基に話は進められるのだが、D氏は僕らの関係性を中心にいろいろなことを聞いてきた。

　僕らの東京での出会いから、結婚、ともにロンドンに引っ越すことを決めたこと、元の家族との関係、なぜ今子どもをもとうという決断をしたのか、なぜサロガシーという方法を選んだのか、もっと突っ込んだところでいうと、いくら貯金があるのか、持ち家があるのかといったことまで聞かれた。また僕ら自身がサロガシーのことをどこまで理解しているのかとい

　　*7　インテンディッド・ペアレンツ……親になる人（P.075で詳しく説明）

うことも聞かれた。後で思えば、あれはある種の面接で、こいつら本当に親になる気はあんのか？　といったことを見極めるプロセスだったのかもしれない。ただ、実際は特別かしこまった雰囲気でもなく聞かれたことにただ答えるという感じだった気がする。ともあれ、Ｄ氏は丁寧にサロガシーのプロセスの流れについて説明をしてくれた。そしてその流れでたくさんあるオプションについての話になっていったのだった。

複雑なプログラム

　このサロガシーエージェンシーが最初に渡してくれたハンドブックの一番はじめの段落に書かれていた言葉(サロガシー経験についてのブログをやっておきながら、この言葉を言ってしまうのはなんだか矛盾のようなのだが)、これは大切なこと。

　"ふたつとして同じサロガシーの旅はない――あなたがネットで読んだり人から聞いたことのある話は、必ずしもあなたのそれと同じにはならない。"

　これの本当の意味が少しずつわかってきた。Ｄ氏はサロガシーのプログラムの違いと、それに伴う費用の違いを説明してくれるのだが、はっきりいって脳みそが吹っ飛ぶんじゃないかっていうくらい複雑に感じた。サロガシーのプロセスは人によって千差万別。依頼する人の状況によっていろいろとプロセスが変わり、それによって費用も大きく変化する。たとえば次のような項目だ。
　・インターナショナルサロガシーかアメリカ国内に住んでいるか？
　・卵子提供は必要かどうか？
　・ＩＶＦクリニックの紹介が必要か？

・双子を望むかどうか？

・受精卵の移植は1回ごと費用を払うプランか、3回までトライできる
プランか？

などがある。これはあくまで、僕らが選んだエージェンシーの場合なので、他のエージェンシーは違うプログラムを設定しているかもしれない。参考程度にとどめていただけたらと思う。またD氏は、そのプログラムの違いを説明するのに沿って、かかる費用の説明もしてくれた。まずは、その費用の高さに度肝を抜かれたということは、言っておくべきかもしれない。もちろんD氏の前では、平静を装ってはいたが。

ちなみに、エージェンシーがこういった表やホームページなどで提示している費用というのは、どこも目安でしかない。その理由として、サロガシーによる不妊治療は画一的に値段設定ができないからだ。D氏は、この場合ならこの金額、こうだったらこの金額、僕らの場合だったらこれぐらいになると予想される、という感じで、細かに質問に答えてくれた。

親権や子どもの国籍について聞いてみた

今回の相談会では、僕らが調べてもなかなかわからないこと、特に法的手続きに関わることを聞こうと思っていた。たとえば子どもが無事に生まれてきた場合、親権や子どもの国籍などがどうなるかといったこと。

僕らの理想としては、子どもがスウェーデンと日本の国籍の両方をもてるようにと思っていた。しかしゲイカップルの結婚が認められていない日本の法律で、僕はいまだに独身扱いだ。その状況の中どうなってしまうのか不安ではあった。そのことをD氏に伝えると、まずは基本的なことから、説明を始めてくれた。

子どもの国籍については、出生地主義をとるアメリカで生まれることになり、自動的にアメリカ国籍を取得できる。そしてインターナショナル・

サロガシーの場合、ＩＰと同じパスポートを取得するためのアドバイスはしてくれるとのことだった。そこで、異性・同性カップル問わず、日本人からの依頼を今までに受けたことがあるか聞いてみた。その答えは「知っている限りＮＯだが、もう一度他の同僚に確認してみる」ということだった。一方、スウェーデン人からの依頼は今までもあったので、心配する必要はないということだった。

　そしてＤ氏はこうも付け加えた。僕らの場合はすでに結婚していて、ふたりの関係が公的に確認しやすく、ＵＫに住んでいるということであれば、その出身国がどこであれ、ペアレンタルオーダーなど（親権や養育権の取得）のプロセスができるし、そのケースはたくさん経験がある、とのことだった。

　ただ、うちのケースの場合、スウェーデン人と日本人のカップルで、イギリスに住んでいて、子どもはアメリカで生まれるという4カ国にまたがる稀なケースになるので、さまざまな過去のケースと比べ、方法を探っていくことになるだろうということだった。また、彼の説明を聞いて一番大切だと感じたのは、「法的に登録された親がいない子どもになる」など、子どもが宙ぶらりんの立場にならないということ。日本人のケースの経験がないということではっきりしない部分もありはしたが、僕らの場合、そういうことにはならないと確認できたのは安心材料のひとつだった。

代理母について聞いてみた

　またそれとは別にこちらから聞きたかった質問もあった。代理母のことだ。僕らがサロガシーを行うのにアメリカを選んだ一番の理由、それは代理母の安全やリスクが考慮されているということだった。その部分、実際にはどうなのか、直接話を聞いてみたいと思っていた。いったいどんな人が代理母になりたいと申し込みにくるのだろう。そしてこのエージェンシ

ーはどのように彼女らを募集し選んでいるのだろう。D氏が語ったのはこういうようなことだった。

「代理母になりたいと思う人はさまざまなきっかけがあるようだけれど、基本的に子どもができない人のために役にたちたいという思いがある人。代理母になるためには、子どもをひとり以上自ら産み育てている必要があるけれど、その経験が素晴らしいと自ら体験し、それを望んでもできない人のためのお手伝いがしたいと考えているようだ。また、自分ではもうこれ以上子どもをもつ予定はないけれど、妊娠している状態が好きで、自分自身がそれによって幸福な気持ちになれるから、それを得ながら人を助けることができると思い、代理母になりたいと手を挙げる人もいる」

また、彼女らは経済的に自立しているのかという質問に対しては、

「経済的に自立していることは代理母になるための必須要件だ。その審査は必ず行われる」と答え、それに加え、「代理母の子ども（年齢による）やパートナーの家族、職場がサロガシーに対しての理解があるかどうかも確認される。妊娠中、職場や家族など、周りからのサポートが受けられる環境でなければならない。また、パートナーとともに社会福祉士によるスクリーニング（適性検査）、心理学上の検査が行われ、それにパスした人のみが依頼者とのマッチングプロセスに進むことができるようになっている」ということだった。

その多くはエージェンシーのホームページに書かれていることではあったが、直接言葉としても聞けたことで安心できた。

夢から現実へと導かれた相談会に

脳みそが頭蓋骨の中いっぱいに膨らんだような感覚に襲われながら、相談会は終わった。あまりの情報の多さに頭が吹き飛ばされそうになったことを覚えている。その1日で全て理解するのは諦めた。無理だ。まずは、

聞きたいことは聞いた。メモはとった。とにかく少しずつ時間をかけて、これらを実際のプログラムに入る前に理解しておかなければならない、ということを受け止めるので精一杯だった。D氏はその日話した内容に関してさらにさまざまな資料を後でメールで送ってくれると言い、エージェンシーとの契約書にサインをするまでは、料金もかからないので、なにか質問があったら、電話でもメールでもスカイプでもいいから連絡してくれれば答えると言ってくれた。

前回の相談会でふたりぱぱに会ったときの帰り道は、夢がどんどん具現化していく感覚でものすごく幸せな気分だったが、2回目の相談会ではしっかりと現実に直面しなければという気持ちにさせられた。かと言って、その目の前にある取り組まなければならない現実は、僕らの動き出した夢を妨げるものとは思わなかった。D氏は契約前にしっかり時間をかけて考えてくれればいいとも言ってくれた。

「うん、まずはこのぱんぱんに膨らんだ脳みそを落ち着かせ、地に足をつけ、ひとつひとつの選択に向き合い、前に進んでいこう」と思ったのだった。

インテンディッド・ペアレンツ・プロフィールづくり

アメリカのサロガシーエージェンシーがロンドンで開いたふたつの相談会について紹介したが、それと時期を同じくして、僕らはある書類に記入し始めていた。その書類は大きく分けるとふたつのパートになっていた。

前半は自己紹介のような自分たちのプロフィール作成のためのもので、前項でかるくお伝えした通り、1回目と2回目の相談会の間に書いて提出

していたもの、後半は具体的なサロガシーのプランについてのことで、2回目の相談会の前に目を通しておき、相談会の後に記入し提出するものだった。その書類はインテンディッド・ペアレンツ・プロフィール（以下IPプロフィール）と呼ばれるもの。ここではその書類に記入する際にいろいろ考えたりしたことをお伝えしたい。

インテンディッド・ペアレンツとは？

インテンディッド・ペアレンツ（IP）というと、これから親になろうとしている人、とか未来の親とでも訳せばいいのだろうか。intended というのは、意図する／予定するという意味、parents は親。サロガシーのプロセスを通し、依頼者のことを指す言葉である。サロガシーをしようと思ってエージェンシーに依頼をする人はこう呼ばれることになる。このIPプロフィールは、主なものとして次のような質問が並んでいる。

- ・IPのプロフィール（名前／年齢／職業／住所／言語など）とバックグラウンド（出身地、原家族（生まれ育った家族）構成、学歴、職業など）
- ・ふたりの関係性（カップルの場合）と健康について
- ・出産後の見通しについて
- ・サロガシーのプランについての見解・意向
- ・出生前診断と堕胎、減胎についての見解について
- ・自己紹介と親になる夢について

ここからはそれぞれのパートについて、ひとつずつ簡単に紹介していくが、特に最後の3項目については、追って詳しくご紹介していく。

IPプロフィール、主な質問項目

IPのプロフィールとバックグラウンドを書くところでは、名前、年齢、

職業、住所、使用言語などの基本情報や、原家族の構成を書いていくだけだ。ちなみに英語でのコミュニケーションが難しく通訳が必要な場合は、その通訳者の名前を書く欄もここにあった。そしてふたりの関係性（カップルの場合）と健康についてでは、結婚しているか、パートナーシップを結んでいるか、同居して何年になるかなどを書いていく。健康状態、主に精神疾患の有無、感染症などの病気の有無、またリスクのある性交渉を過去6カ月以内にしていないか、違法ドラッグを使用していないかなどの質問もある。またなぜ、今、子どもをもちたいと思うようになったのか、どれくらいの期間サロガシーについて検討しているかについての質問もある。僕らには関係なかったが、男女間のカップル向けの質問として、不妊治療を過去にどのくらいの期間、どのような種類のものをしてきたか記入する欄もある。

　あと、お互いに相手の長所や、どこに惹かれたのかなどを書く欄もあり、少し照れくさかったが、改めて文字にして書くのも悪くないなって思ったりした。出産後の見通しについては、共働きの場合どのように子どもを育てていくかや、周りからのサポートが受けられるか、子どもが大きくなったときにどのように伝えるか、また子どもが代理母や卵子提供者に会いたいと言ったらどうするかについても答えていく。この質問に関しては、リカとそれまでに話したこともあったが、こういう設問があることで、改めてふたりで話し合うきっかけになった。

サロガシーのプロセスについての見解・意向

　ここでは、以後のサロガシーの旅について、どのように具体的な見解をもっているかを示していくことになる。
　・卵子提供者の必要の有無
　・ゲイカップルの場合どちらが精子提供者になるか

・代理母とはどれぐらいのペースでコンタクトをとりたいか

・卵子提供者とはどれぐらいのペースでコンタクトをとりたいか

・双子を望むか

などの質問があるのだが、その中のひとつに、「代理母に求める一番大切な要素とは？」という質問がある。ここで僕らは次のように答えていた。

「代理母になるということを決めることに関し、自ら選択をし、自分の気持ちの整理ができている人。またストレスなく気持ちに余裕があり、自分の生活に対し経済的安定と責任感がある人」

これは僕らが答えたその一部だ。この本を読んでくれている人がもしサロガシーを行うとしたら、違う要素かもしれない。あなたなら、どのような代理母を求めるのだろうか？

出生前診断における堕胎、減胎について

出生前診断における堕胎、減胎については、その検査において、胎児が二分脊椎症[8]や遺伝子疾患などの障害をもっていることがわかった場合などに、堕胎を希望するかということや、多胎妊娠の場合に母体の安全を守るための減胎に同意するかということについての考えをあらかじめここで示すことになる。こういった選択的妊娠中絶はさまざまな議論もあり、是非がいまだに問われていることではある。これはサロガシーに限った話ではないのだが、ここではサロガシーのプロセスにおいて、大切なことに絞ってご紹介したい。

ＩＰが全てのプロセスが始まる前に、選択的妊娠中絶についてあらかじめしっかりと考え、自分たちの見解をもっておく必要がある。代理母になるのを希望する女性の中でも、出生前診断の結果を受け、堕胎や減胎に同

---

[8]　二分脊椎症……脊髄馬尾神経が入っている背骨のトンネル（脊柱管）の一部の形成が不完全となり、脊髄馬尾神経が脊柱管の外に出てしまう難病。神経の癒着や損傷が生じ、神経障害が出現する可能性があり、軽症から非常に重症なものまでさまざまである（参考：日本脊髄外科学会HP）。

旅の準備は知識と情報の荷造りから

Step ①

意する人もいれば、そうでない人もいるそうだ。サロガシーのプロセスの中で大事になるのは、それを依頼するＩＰと依頼される代理母の考え方が一致しているということ。出生前診断はしたくない、また妊娠中に子どもに障害が見つかった場合でも堕胎や減胎はしたくないというのなら、それと同じ考えをもつ代理母をエージェンシーは探してくれるだろう。実際には、代理母とＩＰの間で後に交わす同意書が、正式な取り決めとなるが、このＩＰプロフィールではその準備段階として、ＩＰの見解をエージェンシーに示しておき、代理母とマッチングする際に利用される。

自己紹介と親になる夢について

　一番最後に自己紹介と親になる夢について書く欄がある。これは将来出会う卵子提供者や、代理母に向けてのものだ。また自分たちの写真を5枚以上添付するよう書いてあった。僕らは次のようなことを軸に据え、1ページほど書いていった。
・どんな家族に生まれ育ったか
・自分たちの趣味や、好きなこと
・僕らが出会ってから今までの生活
・どんな家族を築いていきたいか
・なぜ、親になりたいと思ったのか
・どんなふうに子育てをしていきたいか
　この自己紹介と写真は代理母とのマッチングの際に使われるということなのだが、それよりも、これをふたりで書いている時間が楽しかったのを覚えている。それまでの自分たちの歩みを振り返りながら、将来の家族計画を立てるのは幸せな時間だった。

記入を終え、深まった話し合いと理解

このIPプロフィールに記入するために、それまで思ってもいなかったことを考えることができた。また考えたことがあっても、文章にして書くことで、改めて決意として自分自身で受け止めることができたと思う。そして、記入をしていくたびに、将来のことについてリカとゆっくり話し合うことができた。家族計画をふたりの間で共有するきっかけを与えてくれたと感じている。また、サロガシーの旅ではたくさんの人の助けを借りながら進めていくものだ。依頼する側として、IPは自分たちの希望や思いを確かにしておくとともに、それに関わるたくさんの人ともそれを共有していくものなんだなと感じていた。

それまでは、ネットでいろんな情報を仕入れ、考えるばかりだった日々。このIPプロフィールへの記入を境に、親になるために実際に動き出しているんだという、実感が少しずつ湧いてきたのだった。インテンディッド・ペアレンツ——親になる候補生に一歩近づいた気がした。

旅の準備はもう済んだ、いよいよ出発だ

そして僕らは決断をした。サロガシーの旅に出ることを。

ある朝、リカと僕はあらかじめ受け取っていた、エージェンシーとの契約書にサインをしていた。それは最後の相談会を終えてから4カ月後のことだった。あとは、このサインしたものをスキャンして、メールで送り、追って実際の契約書を郵送するだけだ。ここではあの相談会の後から、サインをするにいたるまでの期間のことをお伝えしたい。

相談会後、クールダウン期

　サロガシーエージェンシーの相談会を終えてから3カ月が経とうとしていた。エージェンシーからは話を進めたかったら連絡をくれ、質問にはいつでも答えると言われていた。ただ、特に大きなアクションは起こさなかった。あまりふたりの間でもそれについて、口にしていなかったと思う。その時期は、ただ単に毎日の生活が忙しかったこともあるけれど、少し考えや気持ちを落ち着かせたかったのかもしれない。それぐらい、あの2回の相談会は僕らの心を揺さぶるのに、十分過ぎるぐらいのパワーがあった。勢いでそのまま契約！ ということもできるだろうが、僕らふたりは、いろんなことへの決断が遅い。いや、もとい、慎重だという言い方のほうがいいかもしれない。その3カ月、口にこそしなかったが、ふとしたときに、「そろそろ決めなきゃな」と頭をよぎることがあった。その都度、気持ちの面では不安よりも期待のほうが積み重なっていっていたように思う。

子どもたちと過ごすリカを見て

　その頃、ちょうど日本を旅行することになっていた。数年前に両親にカミングアウトしたものの、リカはまだ両親に会ったことはなかった。姉とも相談し、そろそろ大丈夫かもと、リカを実家に連れて行くことになった。
　長兄の家に集まることになり、リカはガチガチに緊張していたが、東京で友達に勧められたという、どこか有名な和菓子屋さんの菓子折りをもって「お口にあいますかどうか……」と誰かに仕込まれたような台詞とともに、親への挨拶を済ませた。拍子抜けするくらいそれはあっさりと済んだ（もちろん僕の知らないところでの、家族会議ではいろいろあったようだが……）。みんなでご飯をたべ、お酒を飲み、ちょうど近所で行われていたお寺のお祭りにも出かけた。リカが日本語をしゃべることができるので僕の家族も安心

して、いろいろコミュニケーションできたようだ。それは本当に良かったことだったが、それよりも印象的だったのが、リカが子どもたちと遊んでいる姿だった。

　僕にはひとりの姉と、ふたりの兄がいて、それぞれすでに家庭をもち、5人の姪とふたりの甥がいる。当時の年齢で上は20歳から下は4歳ぐらいまでだったと思う。家族で集まるとなると常に子どもがいる状態が20年以上続いていることになるが、その見慣れた光景の中に、リカがいる。まだ幼い子どもたちとリカが普通に遊んでいる。いないいないばあ的な遊びだったり、子どものほうからリカの背中に飛びついていってたりする。子どもから避けられるような大人じゃないんだって思った。なんかそれまでリカが子どもと遊んでる姿って想像すらできなかったんだけど、それを目の前にして、「あ、いいな」って思った。そして、リカと僕がふたりで子どもを育てていくイメージもそこではじめてクリアに浮かび上がった気がした。それまでもなかったわけじゃないけど、今回のはごく自然に、その姿が「ポンっ」って頭に入ってきたような感じだった。

でも、そのときは言えなかった

　日本滞在中、義姉とゆっくり話す機会があった。長兄の配偶者であるが、もう義理を超えて本当の姉と言いたいぐらいだ。僕のことを子どもの頃から知っているということもあるのだろう。そして、とても気さくでいつも明るい人だ。ちょうど一緒に車に乗っていて、兄がいないということもあってか、いろいろ僕のカミングアウトのときの話になった。その義姉は、オープンな性格で、若いときからアメリカ人でゲイであることをオープンにしている人と接する機会があったという。僕がゲイだと聞いたときも、「あー、言われてみればそうかもね」ぐらいに思っていたらしい。そのとき彼女が教えてくれてはじめて知ったのが、カミングアウトしたときの親の

反応だった。

　うちの親は、僕がゲイであることを、他のきょうだいの配偶者に対して申し訳ないと思っていたらしい。自分の息子や娘に対してはもともとの家族であるからそれを恥と思わないが、その配偶者に対しての気がねが大きかったそうだ。それを聞いた彼女は、

　「そういう人って結構いるし、今までも会ったことあるし、ま、みっちゃん（僕の愛称）が一緒にいて幸せだと思える人ならいいんじゃないですか？私全然気にしないんで、はっはー」

　ぐらいなことを親に言ったらしい。ありがたい限りである。それは本当に嬉しいことだった。そんなにオープンな彼女のことならと、軽く子どもの話を振ってみようかという気になった。ヨーロッパでは同性同士の結婚も珍しくなくなってること、子どもをもってる人たちもいることなどを話した。すると、彼女はこう言った。「でもみっちゃんたちは、その予定はないんでしょ？」という返答。ふーむ……。「子どももつ予定あるの？」と聞かれれば「あるよ」と答えやすかったかもしれない。でも反射的に出てきた答えは「ないよ」だった。心の中では、「もう準備し始めちゃってますけど！」っていう気持ちとともに。その後僕はハンドルを握りながら、少しぼーっと考えていた。

　──やっと親がリカと会うことができた、カミングアウトから3年かかった。それですら早いほうなのかもしれない。ゲイが子どもをもつということを受け止めるのには、まだ時間がかかるかもしれない。スウェーデンの家族とは、違うのだ。焦る必要はない。少しずつ、少しずつ。

帰りの飛行機、空の上から

　日本からロンドンへ向かう飛行機の中、僕らは自然と家族の話になっていった。僕らの家族の話だ。

「そろそろ、決めなきゃいけないね」

「そうだね、どうする？」

「でも、できるでしょ、僕ら？」

「うん、そうだね、できるよね」

「うん、いいんじゃない」

「じゃ、帰ったら、契約書にサインしなきゃね」

　どっちがどっちの言葉だったかははっきり覚えていない。でもこんなふわっとした会話だったような気がする。そんなふわっとした感じになったのもそれまでの約2年以上、すこーしずつすこーしずつ、話し合ったり、調べたりしてきたからだと思う。ふたりで決めるふたりの未来。この旅の準備に時間はかかったし、フラストレーションが溜まることもあった。けれども、それに時間をかけたことは本当に大事なことだったと思う。だからこそ、その旅に出るのか出ないのかの決断は、このふわっとした感じになったのかもしれない。「覚悟を決めた」みたいな瞬間ではなかった。でも自然な流れというか、「あ、今だな」っていう感覚はあった。

　ストレートのカップルとは全く違うプロセスだろう。こんな大変なリサーチや準備をせずに子どもをつくれる人のほうが多いのだから。でも今では、この大変な準備期間が、子どもを今後育てていくときになって役に立つであろう、貴重な時間になるだろうと思っている。ストレートの親では味わうことのなかったであろうこの時間。

　サロガシーの旅、その旅の準備は知識と情報の荷造りから。

　実際の旅に出れば、道に迷うこともあれば嵐に出くわすこともある。その旅の大変さは、この頃なんにもわかっていなかった。飛行機の窓から見える青空を見て、楽しみな気持ちでロンドンへと向かっていたのだった。

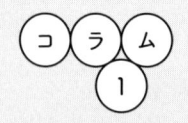

「グローバル・ベイビー・ファクトリー」

　ブログを始めてからというもの、その感想や質問、そして取材の依頼などを多く受け取るようになった。その中でも特に興味深い人から1通のメールが届いた。当時、文化庁の在外研修（新進芸術家海外研修制度）でロンドンに留学していた日本の劇作家、鈴木アット氏。彼は2014年の東京で、インドでのサロガシーをテーマにした芝居を、作・演出した。その芝居のタイトルが、「グローバル・ベイビー・ファクトリー」。なかなかセンセーショナルなタイトルだ。彼がロンドンにいる間、由緒あるイギリスの演劇学校RADA（英国王立演劇学校）で、この戯曲のリーディング公演も行われた。

【あらすじ】（劇団印象HPより）
　37歳の砂子は、40歳に近づくにつれ、結婚していない自分に不安を抱くようになっていた。結婚しろ、子どもを作れという家族からのプレッシャーもあり、お見合い結婚をするが、幸せな新婚生活も束の間、子宮に癌が見つかり、すぐに全摘出手術を受けることに。
　子どもを産めない身体になった砂子が子どもを持つには、代理出産という方法しかなかった。インドにある外国人向け代理出産クリニックの存在を知った砂子は、その最後の手段に身を投じていくのだが…。

　彼ははじめのメッセージで、サロガシーに興味があり、それをテーマに

して戯曲（台本）をふたつ書いたということ、それはネガティブな視点で書いてきたのでもしかしたら、僕（みっつん）は嫌かもしれないけど一度話を聞けないかとのことだった。僕は正直複雑な気持ちではあったが、自分も演劇に携わる者としてどんな戯曲を書いたんだろうという興味は否定できなかった。ネガティブだろうが、それをテーマにした戯曲があるということがなにより興味深かった。僕が考えるいい演劇とかおもしろい芝居というのは、なにかすでにある答え、いいか悪いかを観客に提示するのではなく、社会における疑問や矛盾を投げかけているもの。特に社会のジレンマの幅が大きい題材であればあるほど、おもしろい演劇になると思っている。

常々、サロガシーに関わる僕が考えてきたのは、日本ではその議論の土台や余地がないことが残念だということ。しかし演劇というフォームは、それについて考えるいいきっかけになり得るかもしれない。書物やネット上の机上の空論より一歩先の、人間の顔や感情が見えるんじゃないか。その戯曲をぜひ読みたいし、彼にも会ってこちらからも話を聞きたい、そう思い僕らは連絡をとりあうと、彼は早速その戯曲を送ってくれ

た。読んだ最初の感想は、「言うほどネガティブじゃないな」。

ストーリーはインドにおけるサロガシーを基に描かれており、僕がたどったアメリカでのサロガシーの旅とは全く別物だなというのが第一印象。しかしそれよりなにより、"ひと"がしっかり描かれていたのは嬉しいことだった。子どもが欲しくてももてなくなってしまった主人公の女性、それを支える夫、代理母をすることを決めたインド人女性とその仲間、そし

てそれを取材する日本のメディア。それぞれの立場の"ひと"がリアルだなぁと思った。ネットやマスメディアでサロガシーの話題が出たところで、そこに関わる"ひと"の顔が見えないことが多いとは感じていた。見えたとしてもどこかつくられたストーリーでしかない感じ。報道番組と違い、演劇のほうがつくり物のはずなのに、そちらのほうが本物に見える。そんな感じだった。

　しかしそれと同時に、それだけリアルな"ひと"たちを、どうやってこまで描き込んだんだろうという疑問もあった。一体どのように調べたんだろうと。彼にはじめて会ったとき、僕はその疑問を投げかけてみた。すると、彼は実際にインドにあるサロガシー専門医まで取材に行ったとのこと。もうそれを聞いたときは、「そこまで！」という驚きの気持ちと、嬉しさすら感じたものだ。ネットでさまざまな情報が集められる昨今、実際にその目で見て、その耳で聞いて、その肌で感じる、そしてその上で意見を発信する、ということがとてもなおざりにされていて、それに辟易してしまうこのご時世。そんな中、こういう演劇人がいることはとても嬉しかった。

　鈴木氏は僕と同じ年齢、東京で僕がよく出演させていただいた劇場でも働いていたなど共通項も多く、その後も会ったり、僕の息子くんが生まれスウェーデンに移ってからも、スカイプで何度か話したりしていて、とてもいいご縁をいただいたと、感謝している。

　鈴木氏によるインドでの取材日記はこちらで読むことができます。
http://www.inzou.com/blog/2014/02/post_397.html

Step 2

選択、決断、そして書類の嵐

Step 2はタイトル通り実務的なことを中心に紹介することとなる。サロガシーを考えている人は基本的な情報を得る下準備としてお役に立てていただければ幸いだ。またそうでない人も、普段なかなか知ることのできないＩＶＦクリニックや代理母についてのあれこれを知ることは、興味深いものになるだろう。

　ここからの期間は、大切なことを決断しなければならないプレッシャーや、目を通してサインしなければならない書類も多かった。ときには、大量の仕事を短時間で行わなければならないときもあった。それらの作業は特にペーパーワーク——事務的作業が圧倒的に多く、実際に子どもをもつ準備としての実感が少ない中で、しんどいなと思うことも多かったし、そのせいでリカとふたりで険悪なムードになったりしたこともあった。けれど、やっぱり、子どもをもてるという希望を糧に、そしてそれに向かって歩き出すことを決めたのだから、という自信をもって、リカとふたり、夢中になってやっていたような気もする。そんなこの時期、言われて嬉しかったことがあった。

　「これから生まれてくる子どものこと考えて、そんなにたくさん準備してその子どもを迎えようっていう親は、ストレートの人でもそんなにいないよ。そんなに望まれて生まれてくる子は幸せだね」

　僕らがこの旅の最中にいるときは、常に暗中模索のような気持ちでいたのだが、もしサロガシーを考えている人がいて、これを読んでくださっているのなら、ちょっとだけ見通しが良くなることで、楽になってもらえたら嬉しい。

代理母出産の流れ、6つのステージ

　まずサロガシーの旅の全体像をつかむべく、6つのステージの概要を、ご紹介したいと思う。この6つのステージに必要な期間——エージェンシーとの同意書にサインしてから子どもを授かるまでは、人によりかなり開きがあるらしい。「代理母出産のエージェンシーってなに？」の項でも紹介した「Surrogacy Adviser」というサイトでは、各エージェンシーの平均期間が掲載されているが、この6つのステージにかかる期間の平均(20社)は約18.9カ月(2016年5月現在)のようだが、僕らの場合は20カ月だった。この6つのステージは僕らのサロガシーの旅を基に書かれているので、依頼するエージェンシーやクリニックなどによっては違うこともあり、その点はあらかじめご了承いただきたい。さてそれでは、それぞれのステージを見ていこう。

　①IVFクリニック選びと代理母とのマッチング
　[概要]……僕らの場合、エージェンシーとの同意書を交わしてから、代理母とのマッチングが終わるまで約8カ月かかっているが、早い人だと2カ月ほどだそうだ。この期間、IPは担当のコーディネーター(Program Coordinator) に電話やスカイプで相談を受けながら、IVFクリニックを決めたり、必要であれば卵子提供者を選び、そして遺言書の作成などもこの時期に行っていく。
　[IVFクリニック選び]……サロガシーエージェンシーはIVFクリニックを選ぶ際のアドバイスはしてくれるが、選択はしてくれない(エージェンシーによっては専属のクリニックと契約している場合もある)。IP自身が直接クリニックに連絡をとり、コンサルテーションを受け、その中から選ぶこ

とになる。ここで選ぶＩＶＦクリニックは、代理母が妊娠10週目になり、彼女の地元のＯＢ／ＧＹＮ(オブジン)*9 に移るまでお世話になることになる。

　[卵子提供者選び]……卵子提供者には匿名の場合(anonymous)と、非匿名、つまりその提供者の素性を公開する卵子提供(known egg donation)の場合とある。僕らが利用したエージェンシーでは非匿名の卵子提供を推奨していた。その理由についてはStep3でお伝えしたい。

　[代理母とのマッチング]……これは、ひと昔前の「お見合い」のようなものだ。僕らが選んだエージェンシーでは、マッチングを専門とするチームがあり、彼らがその「仲人」的な役割を担う。その仲人を介し、ＩＰと代理母の書面でのプロフィールをお互いに見て、双方が会ってみたいとなれば、スカイプなどで話をする場を設ける。1回で決まる場合もあれば、何回も行う場合もあるそうだ。

　②各種契約書の交渉と合意、メディカルスクリーニング

　[概要]……代理母とのマッチングが成立すると、法的な契約書(同意書)の作成とＩＶＦクリニックによるスクリーニング(各種検査)へと進む。このステージでは、代理母・卵子提供者の各人とＩＰは契約書の内容について、各代理人を通じ、最終的な合意に向け交渉を行う。それとほぼ同時進行で、ＩＶＦクリニックでのスクリーニングを行っていくこととなる。また、代理母へのサポートもこのスクリーニングの時期から出産・産後まで、専任の社会福祉士がサポートしていく。

　[代理母との関係づくり]……この時期、とても大事だと言われていたのが、代理母と定期的に連絡をとることだった。それは電話やスカイプで行われるが、それぞれの関係を深くし、お互いに強く信頼を築くことを目的とするようアドバイスを受けていた。ただ、契約に関する交渉は全て代理人を通して行われるため、それらに関する話は一切しない。

　*9　ＯＢ／ＧＹＮ(オブジン) = 産婦人科医：(OB = obstetrician = 産科医、GYN = gynecologist = 婦人科医)

[交渉と合意]……ＩＰ⇄代理母、またＩＰ⇄卵子提供者の間で交わされる交渉の期間は、代理人から送られてくる下書きに目を通し、必要があれば修正の希望を代理人に申し入れ、相手の代理人を通して同意してもらえるかを尋ねてもらう。もちろん相手側からの修正の希望がくるかもしれない。

　[医療保険について検討・再考]……これらもこのステージの仕事のひとつである。基本的にアメリカでの医療行為は自由診療の下において行われるので、国民健康保険などではなく、プライベートの医療保険に代理母候補の人は入っていると思われる。そのプランがサロガシーにおける妊娠・出産の場合には適用されるかされないかが非常に重要であり、コーディネーターがそれをチェックした上で、必要とあらば追加の保険をかけたり、念のため（バックアップ）の保険をかけるよう、保険会社と相談することもできる。

　[メディカルスクリーニング]……「代理母」、「卵子提供者」、そして「精子を提供する生物学的な父親になる人」の３人が対象となる検査のこと。基本的な問診や血液検査による感染症のチェックに加え、代理母は子宮の状態の確認など、卵子提供者は卵胞の数など、精子提供者は精子の数や質（運動量）などをチェックすることになる。全てのスクリーニングが終わった後、医学的に懸念材料が見つかった場合、ごく稀にではあるが代理母や卵子提供者を変更したり、マッチングをし直すこともあるようだ。

　③サイクル調整期間
　[概要]……このステージでは、クリニックがＩＶＦのためのサイクルやスケジュールを準備する時期だ。サイクルとはＩＶＦのプロセスでは、体外受精させた胚を代理母の子宮に移植するわけだが、代理母はその月経周期に合わせ、投薬を行いホルモンのバランスを妊娠しやすい状態に整える時期がある。それらはもちろん母体の状態をベースに行われるため、こう

いった待機期間が発生することになる。1回目の移植で胚の着床が確認でき、妊娠までにいたればそれが1回で済むが、1回目で着床しなかった場合、投薬をやめ母体のサイクルがくるのを再度待ち、2回目の移植に備えなければならない。人によっては何度も経験するステージとなる可能性がある。

　この時期は、サロガシーエージェンシーではなく、主にIVFクリニックが主体となって、このプロセスの流れを把握していくこととなり、代理母の健康管理やホルモンバランスなどをチェックする。

④胚移植

　[概要]……IVFが成功するといよいよその受精卵(胚 － embryo)を代理母の子宮に移植することとなる。そのため、IVFクリニックのドクターが移植サイクルのスケジュールを、代理母、卵子提供者、IPに伝える。それは最初の投薬から採卵、受精卵(胚)の移植、そして移植後の妊娠検査までのタイムラインとなる。これらの施術が始まる前に、法的契約は最終的に全て同意されている必要がある。

　[Fresh or Frozen]……胚移植には新鮮胚移植(Fresh Embryo Transfer)と凍結胚移植(Frozen Embryo Transfer)とあり、どちらを推奨されるかはクリニックによって違う。近年の冷凍技術の発達により、凍結胚移植の成功率は格段に上がり、妊娠の成功率はほぼ変わらないと、多くのIVFクリニックでは言われている。また凍結胚移植の場合、母体が一番妊娠しやすい日を狙って移植できることもあり、むしろ成功率が高くなることもあると言われている[10]。これについては、別の項で詳しく説明する。

　[妊娠検査]……胚移植の後、代理母は3種類のベータテストという妊娠検査を受け、妊娠の状態をチェックすることが多いが、正式に妊娠が成功したと診断されるのは、妊娠6〜7週目に実施される超音波診断で心拍が確認されたときだ。その後、妊娠時10週目でも同じく超音波検査を受ける。

　　*10　参照サイト：CCRM Fertility (https://www.ccrmivf.com/)

⑤妊娠から出産まで

[概要]……妊娠6〜7週目に実施される超音波検査で心拍が確認されて以降、出産までの期間がここのステージにあたる。この間、エージェンシーの担当コーディネーターと電話やメール、スカイプなどで連絡をとりあい、出産までの準備、主に法的手続きなどを行う期間ともなる。

[ＩＶＦクリニックからＯＢ／ＧＹＮへの移行]……先述した通り、妊娠10週目の超音波検査で問題がみられなければ、ＩＰが選んだＩＶＦクリニックはそこで役目を終え、代理母が通うのは自分の住むエリアの産婦人科医(ＯＢ／ＧＹＮ)に移ることになる。基本的に代理母自身が通う病院になるので彼女自身が地元で選ぶことになるが、僕らの場合、彼女がいろいろリサーチをしてくれた上で、僕らとも相談し決定した。

[法的準備]……妊娠の約20週目、安定期に入った頃から、さまざまな法的手続きの準備が行われる。主にどのようにＩＰの親権取得のプロセスを行うかが主な目的となる。これは代理母が住んでいる州の法律、ＩＰの国籍や在住国、その他諸々の要素によって、そのプロセスは多岐にわたる。ケースによっては、出産前に必ず行わなければならない申請などもある。

[渡米の準備]……僕らはエージェンシーから、出産予定日前に渡米するよう言われていた。また、出産予定日通りに子どもが生まれるとは限らないので、航空券はオープンチケットをとり、いつなにがあってもすぐ駆けつけられる必要があるとのことだった。そして、遅くとも出産から24時間以内には病院に駆けつけるようにしなければならないとも言われていた。

⑥産後期

[概要]……長いサロガシーの旅も最終ステージとなり、そして、あらたに親としての新しい旅が始まるとき。病院で子どもに出会い、大きな喜びとともに、夜に何度も起きなければならない新しい生活が始まるとき。また、この産後1カ月ほどの間に行わなければならないさまざまな手続きを

選択、決断、そして書類の嵐

Step
2

するために、エージェンシーとの連絡を頻繁に行う時期ともなる。

　[法的手続き]……ＩＰの親権取得やパスポートの申請などに必要な出生証明書の取得から始まる。またアメリカは出生地主義がとられているので、アメリカで生まれた子はアメリカ国籍を自動的に取得することとなり、アメリカのパスポートを取得することとなる。基本的にはこれらの法的手続きにどれくらいかかるかは、そのケースにもよるが、3〜4週間で行われることが多いそうだ。裁判所の判断が必要な場合など、それ以上の時間がかかることもあり、帰国前に全ての手続きが終わる場合やそうでない場合もある。

　[帰国]……インターナショナルサロガシーの場合、空港での出国や入国の際、パスポートを含めさまざまな書類が必要となる可能性があるが、それが確実にそろった状態になるまで、エージェンシーとともにＩＰが自らチェックを行い、帰国となる。

　長くなってしまったが、これでもできるだけ簡略化したつもりだ。
　ここに書いたものは、とても基本的な概要に、僕自身の経験を少し足して書いているので、あなたがもしサロガシーの旅に出たとしたら、それとは少し、もしくは大きく変わることになるかもしれない。

エージェンシーの人たち、その役割

　サロガシーの旅が、いよいよ本格的になってきた。このStep 2ではそのタイトル通りたくさんの選択や決断をせまられる。しかし、それらを自分たちだけで行うわけではない。契約したエージェンシーと必要に応じて

連絡をとりあい、わからないことがあれば、いつでも質問をしたり、アドバイスを受けることができる。エージェンシーの人はそれぞれ役割が違っており、かなりたくさんの人と関わることになるのだが、大まかにどんな人たちがいるのかをご紹介したいと思う。

プログラムコーディネーター(Program Coordinator)

　エージェンシーとの契約が済むと、真っ先に連絡がくるのがプログラムコーディネーター(以下コーディネーター)だ。サロガシーのプログラムは、多岐にわたる分野のスタッフが、それぞれの専門の知識を活かして取り組んでくれるのだが、このコーディネーターは、それを取りまとめ、僕らのプログラムの全体像を把握し、プログラムが終了するまでお世話をしてくれる、水先案内人のような役割の人間であるということだった。サロガシーの旅の途中、なにかわからないことや不安があったら、まずこの人に連絡をすれば、その内容に合わせて担当の人を紹介してくれたり、あらかじめその人にそこまでのプロセスを照会しておいてくれたりする。エージェンシーの人の中で、一番はじめに話すのは、この人になるだろう。最初にメールでアポイントメントをとり、初のスカイプミーティングはこのコーディネーターと行った。はじめてのミーティングでは、改めてプログラムの概要の説明を受け、不明なところがあれば、その質問の内容に詳しい人につないでもらったりした。

ソーシャルワーカー(Social Worker)

　翻訳すると社会福祉士ということになるのだけれど、日本のそれと同じようなものなのかは、僕にはわからない。しかし、このサロガシーの旅において、ソーシャルワーカーは主に次のようなことをしてくれる。

選択、決断、そして書類の嵐

Step
②

・ＩＰのスクリーニング（適格審査など）

・ＩＰのサポート

・代理母のスクリーニング

・プロセス全体を通じて、代理母のサポート

などがある。僕らの場合、コーディネーターとのスカイプミーティング
が終わると、次にこのソーシャルワーカーとの面談があった。なにか、心
配事はないか、精神面で安定できているか、などについて話を聞いてくれ
たりした。また、それはスクリーニングの一部も兼ねており、あらかじめ
提出しておいたＩＰプロフィールを基に、さらに具体的な話を掘り下げて、
ＩＰとして適格かどうかを判断する役割もあった。

アトーニー（Attorney）

訳すと、弁護士・法定代理人・事務弁護士などと言われる。基本的に法
律の知識を基にさまざまな仕事をしてくれる。また、ときには直接法律に
は関わりなくとも、さまざまなアドバイスをしてくれたりもする。それら
は主に次のようなことだ。

・クリニック選びのアドバイスや紹介

・代理母や卵子提供者との同意書づくりのためのアドバイス

・それら同意書の交渉代理人（ＩＰ／代理母／卵子提供者、それぞれ別の人が
　つく）

・妊娠中から産後にかけての時期に行う、法的手続き

などだ。

エージェンシーとのやりとりは整理しやすいように

他にも、代理母とのマッチングのためのコーディネーターや、支払いに

関しての担当など、どうやらエージェンシーの中での分業が徹底的に行われているらしく、ほんのひとつ書類を書くだけでも、それ専門のアトーニーがいたこともあった。最初はあまりにたくさんの名前が出てくる上に、ほとんどがメールでのやりとりになるので、メールを受け取っても「この人誰だっけ？」と、思ってしまうこともあったが、メールのスレッドを確認するなどして思い出したりしていた。また、僕らが利用したエージェンシーのサイトでは、全スタッフの紹介が顔写真つきで紹介されていたので、それらも利用した。ひとつ、アドバイスできるとしたら、このサロガシーの連絡用に、専用のメールアドレスをつくってもいいかもしれない。それをカップルの間で共有できるようにしておけば、後から、なにかメールや書類を探しやすいかもしれない。もちろん普段づかいのメールアカウントに、専用のフォルダーなどをつくってもいいのだが。とにかく、メールのやりとりが多くなるのとともに、それらを記録として何度も見返したり、添付された書類を探すために、メールボックスの整理をしておくと、この章でご紹介する膨大な資料や書類に、対応できるかと思う。

　サロガシーの旅は誰しもがはじめてのことばかり。それはエージェンシーのスタッフはみんなわかってくれている。わからないことがあれば、聞けば教えてくれるし、助けてくれる。また、サロガシーのプログラムというのは本当にひとつとして同じものはないんじゃないか、というくらい、複雑だったりする。だからこそ、スタッフが専門の分野で特化されており、しっかりとサポートしてくれるシステムができていたのは、そのエージェンシーの過去の積み重ねがあったからだろうな、と思ったりした。サロガシーの旅は本当に自分たちだけではできない、たくさんの人に支えられ、応援してもらいながらできる。やる前は不安な気持ちもあったけれど、たくさんの人に会うたびに、その不安は拭われていった気がする。

ゲイカップルはどちらの精子を使い
代理母出産を行うのか？

　ゲイカップルがサロガシーで子どもを授かろうとしても、そのふたりの精子を掛け合わせたところで子どもはできない。卵子提供を受け、そのカップルのどちらか一方の精子が、その卵子と体外授精されるのだ。そう、だから、どちらの精子を使うのか、それを決めておかねばならない。ここで僕らがよく聞かれる質問がある。

　「リカとみっつんのどっちの精子を使ったの？」

　ということだ。その質問を受けたときはこう答えるようにしている。

　「子どもの出自にも関係するから、答えられないんだよねー」と。

　そして、僕らは子どもには全てを正直に伝える予定でいるが、それは周りの誰かからではなく、僕ら親の口から伝えるつもりであることも付け加えている（詳しくはP.160でお伝えする）。だから正確に言うと、「今はまだ人には言えないんだ」ってことになるんだろうけど。この事実を知っているのは、家族・親戚と一部の近い友人のみにしている（なんとなく噂とかで耳にした人はいるようだけれども……）。

　基本的に本書では、僕らがたどった道、僕らが実際に体験したことを綴っているのだけれど、上記のような理由で、ここで僕らがどのように決めたのかということをお伝えすることができない。ただ、それで終わってしまっては、少しつまらないので、今まで調べた中でいくつかの例を、僕が知る限りご紹介したいと思う。

参考例として

・片方が強く希望する場合

カップルのどちらかが、自分の精子を使いたいと希望があった場合、ふたりの間での話し合いをもった上で決めたというカップルがいた。たとえば、カップルのうち片方は他にきょうだいがいて子どもがいるが、もう片方にはおらず、親に孫の顔を見せてあげたい、という理由など。

　・交代で
　サロガシーを複数回行うことで、順にそれぞれの精子を利用する人もいるらしい。それぞれに遺伝的つながりのある子どもを授かる方法。これだと、どちらかを選ぶ必要はなくなるが、経済的に体力のあるカップルでなければ成し得ないだろう。

　・親類から卵子提供を受ける場合
　片方の男性の親類などから卵子提供を受けることができる場合、必然的にその相手側の精子を利用することになるだろう。そうすることにより、ふたりの間の直接の子どもはできないにしても、両方の親がその生まれてくる子と血のつながりをもつことができる。

　・各親の出身国の法律を鑑みる
　子の親権や養育権についてのプロセスは、国によってかなり差があり、その際、そのカップルのうちのどちらが生物学的な父親なのかということで、手続きの仕方が大きく変わってくる。インターナショナルカップルの場合、その手続きがしやすい国出身のＩＰが精子提供をする場合もあるそうだ。

　・シングルゲイパパの場合
　最近ではシングルファザーとして、サロガシーを選ぶゲイの人もいるようだ。これはカップルの間でどちらかを選ぶという趣旨からは外れてしま

うが、選択肢のひとつとしてここに書いた。

・両方の精子を使い、双子ができるか？
と、以前聞かれたことがある。つまりは、ふたつの卵子にゲイカップル両方の精子をそれぞれ授精させ、そのふたつの受精卵を同時に代理母の子宮に移植し、双子を授かることができるかということだ。これについては僕は医者じゃないのでわからない、と答えた。僕らは特にそれを想定してプロセスを行わなかったので、それが可能かどうかも僕らのドクターにも聞かなかった。

このようにいくつかの例をご紹介したが、きっとこれだけではないかもしれない。人には人の選択肢があって、あなたがもしサロガシーを選んだとしたら、これ以外の理由が見つかるかもしれない。それがどんな理由にしろ、パートナーとしっかり話し合って決めて、双方が納得することが、一番大切であると思う。子どもが生まれて育てていく上で、結局は両方が親になっていくのだから。

シングル or マルチ、妊娠の成功率の違いと、双子の可能性

サロガシー・代理母出産と聞いたり見たりして、双子を授かった人たちの写真を見たことがある人も、多いかもしれない。ＩＶＦという技術を使うことで、実際に多胎妊娠になる可能性は、自然妊娠に比べ、多い。そんな双子ちゃんに関して気になる人もいるかもしれない。
これはエージェンシーによって違いがあるが、僕らが利用したところで

は次のふたつのプログラムがあり、どちらかをあらかじめ契約の際に、選ばなければならなかった(実際にはその他の条件やプログラムもあるが、ここでは簡潔にするためにこのふたつのみをご紹介する)。

・シングルトランスファー(単一胚移植)
・マルチプルトランスファー(複数胚移植)

簡単に言うと、IVFによって受精させた受精卵(胚)を代理母の子宮に移植する際に、ひとつずつ移植するか、ふたつずつ移植するかの違いだ。シングルは多胎妊娠の可能性はないが、マルチプルは、多胎妊娠の可能性が高く、双子を授かる可能性が高い。しかし、この選択は双子が欲しいかどうかという希望だけで選ぶわけではない。もうひとつおさえておきたい重要なポイント、妊娠の成功率に関してのデータだ。次のデータは、某エージェンシーのハンドブックからの抜粋なのだが、そのエージェンシーを利用し出産までいたったケースは、

・単一胚移植を1回＝約50%
・単一胚移植を4回もしくは複数胚移植を2回＝約91%
・単一胚移植を6回もしくは複数胚移植を3回＝約98%

ということだ(データは全て平均値)[11]。このデータでは複数胚移植でも、双子とならず、ひとりだけが着床・妊娠・出産にいたった数も含まれている。このデータのみを参考にするならば、単純に複数胚移植のほうが、確率が高いと言える。

またそのプログラムの違いにより、費用も変わってくる。多胎妊娠は、妊娠・出産に際し、母体への負担も大きく、健康上のリスクも高くなるため、それに対する補償も高くなり、プログラム全体の費用はマルチプルトランスファーのほうが高くなる。それが、契約の時点でどちらかを選ぶことになる理由のひとつだったのかもしれない。しかしシングルトランスファーのほうが妊娠の成功率が低いということは、移植の回数が増える可能

*11　一般公開しているハンドブックではないため、出典は割愛します。

性もあり、代理母がＩＶＦクリニックに通う旅費も増えたり、移植サイクルを何度も行うことで代理母への負担が増える可能性があることを考えると、一概にどちらがいいとは言いにくいかもしれない。

　これだけ聞くと複数胚移植のほうが断然いいようにも聞こえる。しかし実際には単一胚移植を望むＩＰもいる。子どもを授かるためのサロガシーの旅の終わりは、長い子育ての旅のスタートになる。双子を育てていく環境、経済状況などがない場合、最初から単一胚移植を望む人もいるそうだ。
　そういったさまざまなメリット・デメリットを考慮し僕らが選んだのはマルチプルトランスファーだった。成功率の高さは、やはり魅力的だったし、生まれてくる子どもにきょうだいができることも望んだからだ。しかし、同時にふたつの胚を移植したからといって、かならず双子を授かるというわけではない。結果から言ってしまうと、僕らの場合、ふたつの胚を同時に移植したのだが、妊娠にいたり授かった命は、そのうちのひとつだけだった。しかし近年では、シングルトランスファーのみを行うクリニックも増えているらしい。僕らが利用したＩＶＦクリニックも、以前はマルチプルトランスファーを行っていたが、今はシングルトランスファーしか受け付けていないという。理由は、シングルトランスファーでも高い着床率につながる技術を確保できるようになり、多胎妊娠に伴うリスクを下げるためということだ。ここも、クリニックによる違いが出てくるところであるし、医療技術のめまぐるしい進歩の結果と言えるだろう。
　もう聞き飽きたフレーズかもしれないが、サロガシーの旅は、経験者のそれが、そのままあなたのロールモデルにならないことが多い。

遺言書を書く

　サロガシーの旅、この Step 2 は、「選択、決断、そして書類の嵐」と名付けたのだが、その1発目と言えるのが、遺言書を書くという仕事だ。遺言書を書くなんてことは、一生自分には縁のないことで、そんなことをするのは、金持ち土地持ちの高齢者ぐらいだと思っていたのだが、これが、サロガシーの旅においてはとても重要なことだったりする。ここではその理由や、内容などを簡潔に、そして僕らの場合どうしたかをお伝えしたいと思う。

　遺言書を書かなければならない一番の理由は、実際に代理母が妊娠した後、もし僕らふたりが同時に事故で死ぬようなことがあった場合、その生まれてくる子どもに関しての扱いをどうするか自分たちの意向を文書化しておく必要があるからだ。遺言書は、英語では "will" と呼ばれるのだが、それは「意志、意向」などという意味もある。依頼主であるＩＰが同時に死亡した場合など、残された子どものひきとり手がないなどといったことがないように、あらかじめその意志を表明するためのものである。
　遺言書の作成は、サロガシーの旅のわりと早い段階で行わなければならなかった。時期的にはエージェンシーとの契約を終えてすぐ、病院選びとほぼ並行し、実際の治療が始まる前までにエージェンシーに提出するという感じだ。逆に言うと、遺言書の作成・提出が終わらなければ、実際の治療に入ることはできないとも言える。
　遺言書は、特にサロガシー専用のものがあるというわけではないのだが、おさえておかなければならない項目がいくつかある。僕らのエージェンシーの場合、遺言書のフォーマットのようなものがあり、それを基に自分た

ちの在住している国の法律も鑑みて、地元(当時の居住地ロンドン)の弁護士に作成してもらうこととなった。

　下書きを作成するということで、僕らふたりは弁護士のもとを訪れた。僕らはサロガシーのプロセスを目前に控えていることを弁護士に伝え、エージェンシーから送られてきたフォーマットを見せ、彼はそれを基に僕らに質問をして、必要項目をメモしていった。その内容は、生まれてくる子どもの保護者は誰になるのか、そしてふたりの財産はなにがどれぐらいあって、僕とリカと別にするのか・一緒にするのか、ふたり同時に死んだ場合は誰にどういった割合で分配するのか、その手続きの責任者は誰にするのか、といった具合だ。「それ必要なのか?」と思うような、死後の葬儀や埋葬の方法の希望まで聞かれた。下書きの作成は1時間ほどで終わり、面談が終わった。遺言作成というと大げさな感じがするが、終わってみるとわりとあっけなかった。それもそのはず、基本的には法律のプロにお任せするわけだから。全体をまとめた下書きがメールで送られてきて、そのチェックを何度か行い、最終稿を清書して2部作成し、1部は自分たちで保管、もう1部はエージェンシーへと送った。

　遺言書を書くのが大事なことであるのは、頭ではわかっていた。しかし、今から子どもをもとうと明るい未来を見つめているのに、子どもの顔を見ずに死んでしまうシチュエーションを想像するというのは、少し変な感じがしていた。それと同時に、子どもをもつということはそういうことなんだなと、責任という言葉を噛みしめながら、また一段と神妙な思いになったことを覚えている。まだ受精してもいない子どものことを考えて、準備をする、これが親になるということなのだろうか。

　しかし、ただ親になるということだけではない。サロガシーという特性上、たくさんの人に助けてもらって、子どもを授かろうというのだ。それに関わる人全てに、僕らになにかあった場合、迷惑がかからないようにするためであることも、最後に付け加えておきたい。

IVFクリニック選び①
リサーチ編

　遺言書とほぼ同時進行するのが、ＩＶＦクリニック選びだ。エージェンシーによっては特定のクリニックと提携し、そのクリニックのみを利用するところもあるようだが、僕らが利用したエージェンシーは、僕ら自身でクリニックを選ばなければならなかった。ここからは4編に分けて、僕らがどのようにクリニックを選んだか、順にご紹介したい。

エージェンシーのアドバイスを受ける

　クリニック選びは自分たちで行う、と書いたが、エージェンシーも僕らをほったらかしにしていたわけではない。クリニック選びに関するアドバイスを、簡単にまとめたものをメールで送ってくれていた。それには、クリニックへのアプローチの流れや、比較・検討する際のおさえておきたいポイントなどがわかりやすく書かれていた。僕らはそれに目を通した上で、エージェンシーのプログラムコーディネーターに連絡をとり、彼らが過去に取り扱ったケースの中からクリニックをリストアップしてもらった。当時の僕らはイギリス在住ということで、主にアメリカ東海岸にターゲットを絞り、全部で10カ所ほど候補をあげてもらい、お勧めのドクターの名前などを教えてもらっていた。

IVFクリニックのまとめサイトと比較項目

　Step 1で、「Surrogacy Adviser」というサイトをご紹介した。実際にサロガシーによって子どもを授かったＩＰのアンケートを基にエージェンシ

ーの評価などをまとめたサイトだ。そこではＩＶＦクリニックの評価をまとめたページもあり、次のような項目を比較するのには便利かもしれない。

- クリニックの所在地
- 卵子提供を行っているか（必要な場合）
- ゲイのＩＰを受け入れているか
- 新鮮胚移植か冷凍胚移植か
- 1回目の移植サイクルで妊娠にいたった確率
- 何回目の移植サイクルで出産までいたったか

などが、参考になると思う。ここのサイトはあくまで利用者のアンケートを基に統計を取っているので、各サクセスレート（妊娠や出産にいたった成功率）などは、クリニックが公表しているものもあわせて、確認するのが望ましいと感じた。

スカイプコンサルの予約をする

大概のＩＶＦクリニックは、ホームページがあり、そこのメールフォームなどでコンタクトを取ることができる。そして、クリニックからの返事を待ち、スカイプなどでドクターと直接話すことのできる“コンサルテーション”の予約を取ることになる。初回のコンサルテーションは無料でできるところが多いが、料金が発生するところもあるらしいので、ホームページを確認したり、最初のコンタクトの際に確認したほうがいい。

僕らの場合は、エージェンシーからリストアップされた10ほどのクリニックの中から、最終的にふたつのＩＶＦクリニックにコンタクトを取り、返事をもらった（スカイプコンサルの具体的な予約法については、P.109で詳しくご紹介する）。

IVFクリニック選び②
新鮮胚移植 or 凍結胚移植？

　ここからは、ＩＶＦクリニックの違いが表れる、新鮮胚移植と凍結胚移植についてご紹介したいと思う。

　医療の分野に関することなので、文中に出てくる医療用語など、あくまでも参考にとどめていただき、もしＩＶＦを受けることを考えている人は、実際のクリニックのドクターの説明をよく聞き、治療を受けていただきたい。

新鮮胚移植と凍結胚移植の違い

　ＩＶＦにおいては、体外で受精させた卵を培養して子宮に戻す「胚移植」が行われる。この胚移植には新鮮胚移植（Fresh Embryo Transfer）と凍結胚移植（Frozen Embryo Transfer）とあり、どちらを推奨しているかはクリニックによって違う。名前だけ聞くと新鮮胚移植のほうが良さそうだという印象があったが、調べてみたり、ドクターの話を聞くとそうでもないらしい。それを理解するためには、そのふたつの基本的な違いを理解する必要があった。

　新鮮胚移植では、卵子提供者から採取した卵子を精子と受精させ、その胚を数日かけて培養、それを代理母の子宮に移植（Transfer）する。一方、凍結胚移植は培養した胚を一度凍結をさせて保存し、時期をみはからって解凍（融解）させたものを、母体のサイクルに合わせ移植することになる。

近年の凍結胚移植の技術

　受精卵を凍らせて解凍（融解）するというのは、その胚にダメージがあるのではという印象がある。しかしながら、近年の冷凍技術によりその胚の

Step
2

生存率や、着床と妊娠率は劇的に向上しているようだ。その方法として現在主流と言われているのが、約10年ほど前に導入され始めた超急速ガラス化保存法［Ultra-rapid embryo cryopreservation（vitrification）］という技術。従来用いられていた緩慢凍結法の約6万倍も早く、急速に凍結することで胚細胞内の氷の形成をもたらさず、細胞を傷つける可能性を抑え、胚の生存率や染色体への影響を少なくすることができる。着床と妊娠の可能性は緩慢凍結法と比べ90％以上も高くなり、特にその解凍時の影響が少ないという。この超急速ガラス化保存法の、着床と妊娠の可能性の高さは、少なくとも新鮮胚移植とほぼ同じ、ときにはそれ以上だということだ。ただ、この新しい技術をもってしても胚に与えるダメージがゼロになるわけではないことも、頭にとどめておきたい。

凍結胚移植、成功率の高さの理由

　基本的な妊娠のプロセスとして、当然のことではあるが、女性の体には妊娠しやすい時期とそうでない時期のサイクルがある。体外受精でできた胚もしかり、母体にその胚を移植したところで、その女性の体の準備ができていなければ妊娠することはできない。つまりＩＶＦでできた胚が数日かけて培養され、移植・着床に適した時期が、母体となる女性の体の妊娠しやすい時期と一致していれば、着床・妊娠の可能性が高くなるということだ。ＩＶＦにおける移植に際しては、新鮮胚移植でも凍結胚移植でも、超音波検査や血液検査で子宮内膜の状態、またホルモンのバランスなどを数値で確認し、妊娠しやすい環境が整っているかを、ドクターが判断することになる。
　新鮮胚移植では、胚の状態（受精後何日目なのかなど）と母体の状態をチェックし、その移植のタイミングをはかるのが難しいらしいのだが、凍結胚移植では、母体の準備ができているとドクターが判断した場合、その当日

に凍結胚を融解し、移植することができる。それが妊娠の成功率の高さにつながり、そのまま子どもを授かる可能性も高くなるということだ。また、移植日の日程が立てやすいことは、代理母が受ける負担が軽くなることにもつながる。補足にはなるが、凍結胚移植の場合、その保存のためのコストがかかるが、それを負ってでもする価値があると、個人的には考えている。

新鮮胚移植か凍結胚移植か、そのどちらを勧めるかはクリニックによってまちまちのようだった。しかしどちらかというと凍結胚移植を勧めるところが多いような感じがしていた。それも上記のようなメリットがあるからだろう。また新鮮胚移植を勧めるクリニックでも、1回目の移植は新鮮胚移植、受精卵が複数ある場合は、残りを凍結保存し、後日、凍結胚移植を行うなどのパターンもある。

高度生殖補助医療は、日々進化を遂げているようで、今後さらに新しい医療技術などが導入されていくのかもしれない。読者の方にサロガシーを考えている人がいたら、ここに書かれていることだけを鵜呑みにせずに、ぜひドクターの話をよく聞き、ご自身にあった選択をして欲しい[12]。

IVFクリニック選び③ スカイプコンサル予約編

クリニックに問い合わせをする第一段階は、メールでのスカイプコンサルの予約だ。ここではそのアプローチ、メールの例文などを主に、お伝えしたい。

まず、僕らがクリニックへのアプローチとして送ったメール文をご紹介

*12　参考資料：Fresh vs. Frozen Embryo Transfer – Which is More Successful?
（http://haveababy.com/fertility-information/ivf-authority/fresh-vs-frozen-embryo-transfer-which-is-more-successful）

選択、決断、そして書類の嵐

step
②

したい。名称や個人名など、特定されるものに関しては伏せてあることは
ご了承いただきたい。英語の例文に続き、日本語の訳が続きます。

オリジナル英文

Dear Dr. [ドクターの名前]

I was recommended by [紹介者の名前] of [エージェンシーの名前] to contact you for information about [クリニック名]'s IVF treatment programs. My partner and I have decided to build a family through assistance of a gestational surrogate, and we are currently in the process of finding a fertility clinic. We are a Swedish-Japanese same-sex couple living in London.

Would you be able to direct us to the right place at [クリニック名] where we can find more information about your services.

What fertility treatment programs do you have, and what are their costs?

What sets [クリニック名] apart from other clinics?

At what points do we need to travel to the clinic?

Do you use frozen sperm samples for fertilization?

How does your embryo transfer process work?

How many embryos are typically transferred at one time?

What is your stance on twins and multiples?

Yours sincerely,

[自分の名前] and [パートナーの名前]

日本語訳

[ドクターの名前]さま

貴病院[クリニック名]のＩＶＦプログラムに関し、[エージェンシーの名前]の[紹介者の名前]さんからご紹介を受けて、ご連絡させていただきました。私とパートナーは、新しい家族を築くにあたりジェステイショナル・サロガシーの助けを借りることを決め、現在不妊治療クリニックを探しているところです。私たちはロンドンに住むスウェーデン人と日本人の同性カップルです。

[クリニック名]さんでのサービスに関して、さらに次にあげる情報についてどこで知ることができるか、教えていただければ幸いです。
どんな不妊治療のプログラムがあり、費用はどれくらいですか？
[クリニック名]さんでは他のクリニックとはなにが違いますか？
クリニックを直接訪問するのは何回ほどで、どのタイミングですか？
受精のための精子は凍結したものを使いますか？
胚移植のプロセスはどのようなものですか？
通常、一度の胚移植で何個の胚を移植しますか？
双子など多胎妊娠に対しての先生のスタンスはどのようなものですか？
敬具
[自分の名前]、[パートナーの名前]

お気づきかもしれないが、特にこちらからスカイプコンサルをしたいと

いうことは書いていない。しかしその代わりに質問事項を箇条書きにして送っている。僕らはふたつのクリニックにこのメールを送ったが、どちらもこれらの質問には直接答えず、「スカイプでコンサルテーションをすることができるので、そのときに詳しく答えます」という返事がきた。その後、そのコンサルに料金がかからないことを確認し、日時などを設定した次第だ。

　ここで、これだけの質問を送る必要はないのかもしれないが、なにがわかっていないのか、なにが不安なのかを自分たち自身で整理しておくのにも役に立ったと思う。スカイプコンサルになったときに、わりと緊張してしまったりもしたので、これらの質問項目をつくっておいて助かったし、実際、相手もこれらの質問を基に説明をしてくれたので、良かったと思う。

IVFクリニック選び④
スカイプコンサルと決め手編

　僕らはほぼ同じ内容のメールをアメリカ各地にあるクリニックに送り、そこから実際にコンサルを受けることになったのだが、ひとつは西海岸にあるＡクリニック、もうひとつは東海岸にあるＢクリニックで、どちらも、エージェンシーから紹介してもらったところだった。どちらのコンサルもほぼ1時間弱ほどで終わり、印象としては似たようなものだったというのが正直な感想だった。なので、なにが違うのかということを比べていくことにした。

　胚移植の方法の違いは重要なポイントだったが、凍結胚移植のみを行うＢクリニックのドクターはその成功率に大きな違いがないこと、そしてスケジュールの立てやすさが一番のメリットになることを説明してくれた。

もともと僕らは新鮮胚移植のほうがいいのではないかという漠然な思いがあったが、これで、凍結胚移植の知識やそのメリットを知ることができ、とても役に立った（詳しくはP.108を参照）。

　あとはそのクリニックの所在地も選ぶポイントになった。エージェンシーと違い、実際に自分たちが赴く場所となるクリニックは、最低でも一度は訪れなければならない場所だ。西海岸と東海岸とではロンドンからだと3〜4時間フライト時間が変わってくる。東海岸にあるＢクリニックは、僕らにとって魅力的だった。

　治療費の違いは、意外と大きかった。ＢクリニックのほうがＡクリニックと比べ基本のプランで約4000ドル高かったのだ。その違いの理由を不思議に思い、エージェンシーにそのことを尋ねたら、Ｂクリニックは技術や成功率の高さなど、良い評判が入ってくるいうことだった。また、そこのメインドクターが高度生殖補助医療に関して著名であり、生殖医療に関しての賞をいくつかとっているということは後から知ったことだったが、それも関係していたのかもしれない。

　ただ、僕らが利用したエージェンシーに相談すると、Ａクリニックは今までに何度も利用したことがあり信頼できる病院だということを言っていた。Ｂクリニックはそのエージェンシーの中で過去に利用したＩＰはいなかったようで、「実際にはその評判通りなのかわかりかねる」ということだった。個人的には自分たちが利用しているエージェンシーが今までにも一緒にやったことがあるというＡクリニックは、魅力的だった。

　自分たちでいろいろ考えて比較はしたが、なかなか決められなかった。そこでエージェンシーのコーディネーターに相談すると、一番大切なのは、そのドクターと話をして、自分たちがどれだけ信頼できるかどうかということだった。一度のスカイプコンサルでそんな信頼がもてるかなどわからないよ、とも思ったのだが冷静に振り返ると、僕らにとってＢクリニック

のドクターは非常に好感のもてる方だった。

　その理由のひとつに彼自身もふたりの子どもをもつゲイの父親で、同じサロガシーによって子どもを授かった人だったというのは大きかったと思う。そして商業的サロガシーが認められているアメリカとは言え、彼はビジネスとしてだけでこの職に就いているとは思えない、静かな熱意みたいなものがあった。それはあくまで僕個人の印象でしかないが、それは彼自身がその当事者として、子どもをもてないという壁に直面し、それでも子どもをもちたいという人の希望を叶えたいという思いがあったのかもしれない。彼は、医学的見地のことだけでなく、自分の経験に基づいたアドバイスをしてくれたし、また、子どもが生まれた後のその子どものケアについてもアドバイスをしてくれた。ひとつ例を挙げると、ゲイパパの子どもとして生まれてくる子へその出自の説明を、どのタイミングで、どこまでするのかということなどだ。

　僕らのエージェンシーには、他に社会福祉士もいて精神的なサポートは彼らがしてくれるので、実質的な治療を行うドクターがそこまでしなくてもいいのかもしれない。しかし、このサロガシーの旅のまだまだ長い道のり、同じ立場に立ったことのある人が、実際に治療にあたってくれるというのはなんとも心強かった。しかもコンサルが終わった後には、そのコンサルで話した内容や、僕らのケースのプラン、どんなスケジュールで進めることができるかということを、書面にまとめてメールで送ってくれたりもした。

　これは、専門的な医療用語などが多く、コンサルのときには落ち着いて理解できなかったことを、改めて読み返すことができたいい資料となった。これはＡクリニックにはなかったものだ。そしてそんな丁寧なフォローアップができるこのドクターであれば、いろいろ任せられるのではないかという気持ちが湧いてきた。

こんなふうにしていろいろと考えあぐねたクリニック選び。僕らは最終的にＢクリニックにお願いすることにした。一番のネックは料金の高さだったが、総合的に考えるとそちらのほうがメリットが多いと考えていた。この過程の中で、大切にしてきたことは常に僕らふたりで相談してきたことだ。サロガシーのプロセスというのは周りに経験者がいなかったりもするし、カップルの両方が初心者でスタートラインは一緒だ。だからこそ、ふたりで逐一相談して少しずつ自分たちに合ったクリニックはどこなのかを探していくのが、大事だったと思う。後日談にはなるが、僕らはこのクリニックで子どもを授かることができたし、ドクターには本当に感謝している。

サロガシーの旅の中でも重要な位置を占めるクリニック選び、それは簡単ではないが、その過程をパートナーとともに歩むことで、生まれてくる子どもへの大きな愛情を育てることにもつながるのかもしれない、と今では思ったりしている。

代理母になる人たちのこと

代理母出産の話題をするにあたって、一番大切な存在のひとつだと言っても良いのに、なかなかその姿が見えにくいのが、代理母になる女性の話だろう。僕らのサロガシーの旅では、ここまでに遺言書の準備を済ませ、ＩＶＦクリニックが決まっている。次はいよいよ代理母とのマッチングのプロセスに入るところだ。ここではまず、どんな人が代理母になろうとしているのか、どのようなプロセスでその候補になるのかということを、お伝えしたいと思う。

代理母となるための要件

　アメリカにある数々のサロガシーエージェンシーでは、代理母になりたい人を募集するためのページを用意しているところが多い。そしてそこには、代理母となるための要件がリストアップされているが、ここでは複数のエージェンシーのページから、主なものをまとめたものをリストアップする。

- ・アメリカ在住で、グリーンカードなど永住権をもっていること。
- ・サロガシーフレンドリー（ここではサロガシーを合法としているという意味で）の州に住んでいること。
- ・非喫煙者であること。
- ・違法ドラッグなどを使用していないこと。
- ・21歳から42歳であること（代理母経験がある場合は多少変更あり）。
- ・公的な経済的保護を受けていないこと。
- ・子どもをひとり以上産み、自ら育てていること。
- ・代理母をすることに、家族が賛成し、その妊娠中に協力が得られること。

などがあげられ、エージェンシーによってはＢＭＩ値（ボディマス指数＝肥満度）などの範囲も設定しているところもある。ＢＭＩ値の範囲は、出産時のリスクを少なくするための目安になるためだ。

代理母になるためのプロセス

　こちらも、上の要件の項と同じように、複数のサロガシーエージェンシーのサイトに書かれていることを参考にし、まとめてみた。各エージェンシーによって違いはあるだろうことをご了承いただきたい。

・サロガシーエージェンシーにコンタクトをとる

　代理母になりたいと思う人たちは、その多くがサロガシーエージェンシーのサイトを訪問し、そこからコンタクトをとるようである。その過程で、エージェンシーの違いや、代理母のプロセスなどさまざまな情報を調べてから、自分に合ったところに決めるようだ。それはＩＰがエージェンシーを選ぶのと似ているかもしれない。

・プロフィールづくりをする

　名前から始まり、年齢や職業、家族構成、病歴などの設問に答えることによって、彼女自身のプロフィールを作成する。このプロフィールは、後のマッチングの際にＩＰが見ることになるが、名前は一部のみの表示にしたり、住所や連絡先など個人が特定できるものなどは、その時点では伏せられている。

・サイコロジカル・スクリーニングを受ける

　サイコロジカル・スクリーニング(psychological screening)とは代理母候補としてＩＰに紹介できるかの適性検査のこと。先に作成したプロフィールを基に面談を行い、より具体的な話を聞いたりする。また代理母が通るプロセスをきちんと理解しているかもここで確認する。場合によってはそのパートナーなど家族もともに受ける必要がある。ここで、代理母には適性ではないと判断されると、次のステップに進むことはできない。

・ＩＰとのマッチング

　サイコロジカル・スクリーニングによって、その女性は代理母になるための準備ができていると判断されると、ＩＰとのマッチングプロセスに移る。マッチングについては後ほどお伝えする。

彼女たちが代理母になりたかった、3つの理由

　ここでは、代理母を実際に経験した人たちが、その体験を基に語った動画を見たりブログなどを読んで得た情報をまとめてみた。僕の個人的な印象として、彼女らの具体的なバックグラウンドは違えど、多くの場合次のような流れが、代理母になりたい動機につながっている気がする。

　①妊娠している状態が好き・出産経験にいい思い出があるから
　こういった気持ちは最初僕にはピンとこなかった。僕自身、自らが妊娠・出産はできない体であるし、今後もそれはできない。だから人から聞いた話でしかないが、妊娠・出産と聞くと、つわりやお腹が大きい状態での生活、そして出産の痛みなど、「大変な努力」が常に強調されることが多いことも、それがピンとこない理由のひとつだったかもしれない。
　しかし、自分の周りに妊娠・出産を経験した女性は代理母じゃなくてもたくさんいる。その中には、妊娠・出産によってしか得られない「幸福感」があり、それが同時に起こる「大変な努力」を帳消しにしてしまうぐらいに大きく上回る、という人が少なくない。それとは反対につわりがひどかったり、ひどい難産で何十時間も苦しんだり、産褥の状態が悪く、「2度としたくない」と思う人もいるようだが、きっとそういう人は代理母になろうと微塵も思わないだろう。
　代理母になるには先述したように、経産婦（出産経験のある女性）であることがその要件のひとつだが、その中には、これ以上子どもをもつつもりがないが、その経験がまたできるのであれば、ということで、代理母になることを考え始める人が、僕が見聞きした中では多かった。

　②自分が喜べることで、他人の役に立つのなら
　①のように、妊娠している状態が好きだけれど、それによって子どもを

授かれない人の役に立つのなら、というのがその動機として次のステップになることが多いようだ。自らが子どもと過ごす今の生活を幸せだと感じていて、子どもが欲しくてももてない人が、それと同じ経験をするための助けになるのなら、という考えでもある。中にはその宗教的思想から、人助けをしたいという代理母候補者もいるようだ。少々蛇足にはなるが、そういった代理母候補者は、ＩＰも同じ信仰のある人を求めることがあるそうで、実際、僕らのマッチングの際にも、エージェンシーのコーディネーターから、僕らはその宗教の信仰があるかと聞かれたりもした。

③無補償ではないということ

サロガシーに関する世界的な動向については、ＢＢＣの記事を基に先述したが、世界には商業的サロガシーが実施されている国と、利他的サロガシー（金銭の授受をを伴わないサロガシー）が実施されている国とがある。商業的サロガシーと聞くと、代理母になる人がその多額の補償額だけを目当てに、仕事として行っていると考える人は多いと思う。しかし、実際の補償額はそんなに高くない。

僕らのケースに関しては契約上の守秘義務があるので、その金額を出すわけにはいかないが、実際にアメリカで代理母をしていた女性がそれについて語った質問集、「36週目の代理母だけどなんか質問ある？[13]」をここで紹介したいと思う。彼女はそこで、自らの補償額を明らかにしているが、彼女の場合、その補償は約2万ドル（2014年の時点）だったということだ。

過去に、サロガシーを行っていた一部のアジア諸国などにおいては、その土地の物価や平均賃金などと比較すると、その補償額は莫大なものになったかもしれない。しかし、アメリカで経済的に自立している女性に払う補償額にしては、その金額は特別大きいものではないように感じる（代理母になる要件として公的補助を受けている人はなれない→詳しくはP.116参照）。しかし、利他的サロガシーが合法であるイギリスなどにおいては、代理母を

*13 https://www.reddit.com/r/IAmA/comments/1vle5i/iama_36_week_pregnant_surrogate_mother_ama/?limit=500

探す際にそのなり手がなかなか見つからないというのも現実としてあるようだ。それは代理母の募集を目的とした広告・宣伝などを出すことが禁止されているのも理由としてあるが、無補償であることはやはり大きい理由のひとつではないかと、個人的には考えている。

もしかしたらこれを読んでくださった人の中で、「そうは言ってもやっぱりお金が一番の目的なんだろう」と思う人もいるかもしれない。最初のふたつの理由はタテマエだと。そう思ってしまうのもしかたないのかもしれない。依頼した僕自身ですら、そう勘ぐっていたところが正直あった。

しかし、僕らが実際に代理母に出会い、出産にいたるまでの長い時間をともに歩く中で、彼女をさらに知っていき、ここに書いたような動機がタテマエではなかった、ということがその経験からわかっていった。それは出産後も続く、彼女と彼女の家族との交流からも感じていることでもある。

代理母さんどう選ぶ？
カタログとかあるの？

代理母出産にまつわる噂でよく聞かれるのが、代理母がならんでいるカタログのようなものがあるのかということ。商業的サロガシーという言葉の響きから、まるで商品を選ぶようなイメージがあるのだろう。先に種明かしをすると、そんなものは存在しなかった。ではどのようにIPである僕らと代理母さんがマッチングされたのか、ここではそれをお伝えしたい。

お見合い的なマッチング

これは、読んでいる方の年齢層にもよるだろうが、一昔前にはよく近所

にお見合いおばさん的な世話好きがいて、お見合い話をもってくるといった記憶がある人もいるだろう。「あそこの坊ちゃんと、どこそこのお嬢さん、ちょうど年頃もいいし、性格もぴったりじゃないかしら?」といった感じで、双方を知るお見合いおばさんが、その年の功で相性がいいんじゃないかというふたりをお見合いに導くという感じ。

　代理母とのマッチングは、そういった「お見合い」に近いプロセスだった。英語圏では、ブラインドデートという言葉に近く、僕らが利用したエージェンシーではその言葉をたとえとして使っていた。Step 1でIPプロフィールというものを記入・作成したことを書いたが、それは僕らIPの自己紹介のような書類だ。そして前項でお伝えした通り、代理母候補である女性も、同じように自身のプロフィールを作成している。僕らのエージェンシーではマッチングに関してのチームがあり、担当者がそれらのプロフィールを把握し、それを基に相性の良さそうなIPと代理母候補の女性を引き合わせる段取りをつける。

マッチングの流れ

　IPと代理母のマッチングの流れはこのようになる。

1. 担当者を通じ、お互いのプロフィールを交換、書面で確認。
2. 双方が気に入れば、スカイプでの面談(1時間ほど)。
3. 双方が気に入れば、マッチング成立。

　マッチングチームの担当者は、各プロフィールから、お互いのサロガシーのプロセスに関する意向が一致、または近い人を探し、このIPと代理母であれば合いそうだというところを見分ける。また、代理母候補の女性もいろいろと希望を出していて、国内の人がいいとか、IVFクリニックはできるだけ州をまたがないところがいいとか、また、宗教観が合う人がいいなどといった観点も、マッチングを手助けする材料になるようだ。

その後、互いのプロフィールは担当者を介し書面にて交換される。名前は一部のみで、具体的な住所や電話番号、メールアドレスなど、個人が特定できるような部分は除かれていたりするが、家族構成や育った家庭についてなどの略歴は書かれている。それには、サイコロジカルスクリーニングの報告書も添付されており、専門家が代理母として適格であるという判断をした旨が記された書類もＩＰに送られる。

　その後、代理母候補の女性とＩＰの双方が気に入れば、お見合い——すなわちスカイプでの面談に進むことになる。その際も、全てマッチング担当者を介し、スカイプのアドレスのみが互いに交換され、スケジュール調整の段取りもしてもらう。

　スケジュールが決まったら、その日時にスカイプをつなぎ、お互いに話をする。この段になって、エージェンシーの担当者は「あとは若いおふたりで……」的に姿が見えなくなり、そのスカイプ面談には立ち会わない。

　お見合いが終わると、双方が担当者にその気持ちを伝え、ともにいい印象をもてば、マッチングが成立、次のステップへと進むことになる。もしどちらか一方でも気が進まなければ、また他の人を担当者が探し、同じプロセスを踏むことになる。

エージェンシーに受けたアドバイス

　マッチングに向かう時期になると、エージェンシーからは、マッチングに関しての資料が結構な量で送られてきていた。また、エージェンシーのサイトのブログなども読むように言われていた。それらには流れや、概要なんかが書かれていたし、そのマッチングの前にはプログラムコーディネーターとスカイプで相談もし、アドバイスも受けていた。その中で一番印象的だったのは、次のことだった。

　「まずは相手を知ろうとすることが大切。普段の生活のことだったり、

趣味や空いた時間になにをしているか、家族のことなど、相手に興味をもっていろいろと質問をしてみること」

　ここから先、ともにこのサロガシーの旅を歩んでくれる人を探すためのマッチング。ここで僕らが選んで、あとは「ハイ、まかせたよ、よろしく」っていうわけじゃない。この人と1年ほどのプロセスをともにやっていけるか、馬が合うかというのは重要なようだった。また、その候補の方が代理母に適しているかそうでないかは僕らが判断せずとも、すでに専門家や医師がスクリーニングを済ませているので、そういった技術的なことは聞く必要がない。相手といい関係が築けるだろうかということに集中することが大事だったのは、後々の旅の行程が進むにつれ、実感したことでもあった。

僕らが選ぶだけじゃない、彼女にも選ぶ・断る権利がある

　これはとても大事なことだと個人的には思うのだが、このマッチングにおいて、ＩＰは依頼側だからといって、一方的に選ぶ側、というわけではない。代理母候補の女性も、ＩＰを選ぶ権利がもちろんあるのだ。
　先述したようなアドバイスは同じものを代理母候補の女性も読んでいるようだったし、彼女らのプロセスもＩＰである僕らと同じような段階を踏んでいる。プロフィールを読んだ時点や、スカイプのときに気に入らなければ、彼女らがそのＩＰを断る権利があるということだ。
　子どもが欲しいというＩＰと、それを助けたいという代理母候補の女性。双方の思いが一致し、最終的には子どもを授かるという、たったひとつの目的に向かっていくサロガシーの旅。依頼側であるＩＰが一方的になにかを進めるということはこのサロガシーの旅ではできない。そこに向かって一緒に協力しあっていく人を探す。それは、このマッチングの時点から始まっている。

代理母さんと僕らの出会い

　ここからは、代理母になる女性についてや、マッチングのプロセスを踏まえ、僕らの息子くんを、自らのお腹の中で育み産んでくれた、代理母さんとの出会いをお伝えしたい。

　マッチングにあたりエージェンシーの担当者から、あるひとりの女性のプロフィールと、適性検査の結果をＥメールで受け取った。リカと僕はまずそれぞれ別にそれらの資料に目を通すことにした。確かにそこに書かれている彼女のサロガシーの意向・見解は僕らのそれとほぼ一致していた。その部分はすでにエージェンシーのほうで僕らに合う人をあらかじめ探して引き合わせてくれたようだ。個人的に驚いたのは、その彼女のプロフィールの細かさだ。まるで彼女の伝記といっても過言ではないほどのことが書かれていた。生まれ育った家庭とその家族との関係、学生時代の話、そして大人になって子どもをもち、今の家庭環境にいたるまで事細かに書かれていた。その正直さというか、ありのままというか、オープンにしてくれているそのプロフィールは好感のもてるものだった。

　そして、逆に僕らの紹介文を、彼女もちょうど読んでいるということだった。その後、リカとも相談し、「良さそうだね、会ってみよう」ということになった。そして、エージェンシーにその旨を伝えた。

スカイプコールの前の準備

　ありがたいことに、僕らのプロフィールを読んだ代理母候補者も、僕らのプロフィールを気に入ってくれたようで、早速スカイプで顔合わせしてみることになった。エージェンシーの担当者を通じ、お互いの都合のいい

日時をすり合わせ、スカイプIDを交換した。いざ、その日、その時間が近づくと、なかなか緊張してきた。

それまでの間に、リカとどんなことを話そうか、なんて相談したりして、あらかじめ質問したいことを書き出してみた。しかし、エージェンシーに受けていたアドバイスのこともあり、それらの質問が尋問するようなものになっていないかなど、自分たちで読み返したりしていた。またそれらは質問項目というよりも、「次なにしゃべろう……」といって変な間ができてしまわないように、趣味だったり家族のことだったり、自然に会話が広がるような、ネタというかトピックみたいなものをメモしたものだった。

他に準備したことといえば、身なりを整え、スカイプの通話テストをし、バックに映る部屋の片付けをして、何度も待ち合わせの時間を時差の計算も含め、確認したりしたことぐらいだ。

スカイプコール、ど緊張の幕開け

そして迎えたスカイプコール。スカイプのメッセージ機能で、お互い準備はいいかどうかを確かめると、いよいよビデオ通話をつなげた。画面に映ったのは、代理母候補の人とそのパートナーだった。まずはお互いに、名前を言うぐらいの軽い自己紹介をする。彼女の名前はステファニー。そしてパートナーはエリックという。そしてどちらが先に言い出したかは覚えていないが、もうそれはほぼ同時に、「なんだか、すごい緊張しています」というようなことをお互いに言った気がする。正直、リカも僕も喉がからからになるぐらい緊張していたのだが、それは、彼女も同じようだった。お互いにサロガシーの旅は初体験。このマッチング自体も、いくらエージェンシーからアドバイスを受けたとしても、どんなものなのかわからなくって、手探りというか、なにをどこからしゃべっていいのやら、といった感じではあったのだが。

彼女が代理母になろうと思った理由

　挨拶から始まり自己紹介も終えると、次第にリラックスし、少しずつ話の流れができてきたように思えた。お互いのパートナーとの馴れ初めや、今の生活、どんな仕事をしているかなども話した。実際にはそれらはすでに資料で知っていたことではあったが、直接話すことで、知り合っていく感覚がしていた。とても話しやすく、明るく親しみやすい人だった。

　そんな中、メモしておいたいくつかの項目で、一番聞きたかったことがあった。それはなぜ彼女は代理母になろうと思ったのかということだった。どこまでのことを、どんなふうに聞いていいものなのか、ちょっと考えあぐねていたが、素直に聞いてみるとにした。すると彼女も、とても気軽に教えてくれた。

　数年前、彼女は子どもができなくて悩んでいる女性の親友がいたそうだ。すでに出産の経験がある彼女はその親友の不妊の相談に乗っていたそうだが、そんな中サロガシーのことを知り、「代理母になってもいい」と名乗り出たそうだ。そのときは、結局その友達は不妊治療がうまくいき、妊娠にいたったということで、サロガシーの話はなくなったのだが、それ以来、「代理母になる」という可能性が頭のどこかに残っていたらしい。

　自分もふたりの子どもをもち、それがどんなに大変でも、かけがえのないその生活が幸せだと感じている。その生活を望んでも、できない人のためになるならと、サロガシーエージェンシーについて調べ始めたそうだ。ステファニーにとって、そこまでの決断はとても自然な流れだったと言っていた。

マッチングの成立

　そしてそのスカイプが終わり、リカと僕はステファニーとエリックにと

ても好感がもてた。明るく潑剌（はつらつ）としていて、それでいて落ち着いている、そんなカップルだった。リカと僕は翌日になりエージェンシーにその旨を伝えると、すぐに返事がきて、彼女たちも同じように思ってくれているということだった。これで僕らのマッチングは成立した。あっという間に、決まったような感覚すらあった。

　正直なところ、このときは、たった一度の面会のほぼ直感のようなもので、決めていいものかという迷いはあった。しかし、——これは後日談にはなってしまうが、彼女との出会いから妊娠期・出産を経て、本当に素晴らしい人と出会えて、僕らはラッキーだということを、今は自信をもって言える。経験値の高いエージェンシーが、マッチングの手助けをしてくれたことは、とても助かった。お互いの希望や意向をあらかじめ合う人を引き合わせてくれたのだ。僕らの場合、とてもそれがうまくいったと思う。そして、この時点では直感だけで決めたように感じてはいたが、今となってみると、それは直感だけではなかったのかなとすら思える。それに、本当に大切なのは、ここから先マッチングの後、いかにその代理母との信頼関係をつくっていくかということ。それはサロガシーの旅を終えた今だからこそ、言えることかもしれない。

出産まで続く週1スカイプとその目的

　ステファニーとのマッチングの前も後も、エージェンシーのプログラムコーディネーターから言われていたこと。それは、週に1回、電話かスカイプで話すことだった。
　そしてそれはマッチングが成立した直後から、妊娠期間中、そして出産まで、お互いに連絡をとりあい、メールなどテキストでのコミュニケーションではなく、声を使って話すことを、最低週1回することを何度も言わ

れていた。これはプログラムコーディネーターから、本当に耳にタコができるほど聞かされ、大切なことだと言われていた。それほどまでに重要な、週1で話す目的というのは、「代理母との信頼関係を築く」こと。

　マッチングが成立してから出産まで、そのサロガシーによって生まれてくる赤ちゃんに出会うことが、共同のゴールとなり、そこに向かって僕らとステファニーはともに歩んでいくこととなる。物理的な距離は離れていても、そのプロセスにおいて、どちらか一方がなにかを独断で決めて実行することは基本的にはない。そしてそのために必要不可欠なのが、この週1スカイプによって築く信頼関係だ。もちろんそんなことで信頼関係が築けるのかといぶかしむ人もいるかもしれないが、僕らのケースでは経験談として、それはとてもうまくいったと思っている。

　その信頼というのは目に見えるものではないし、ここで書き出せるものでもない。しかし、実際に声を使いお互いに会話をすることで、少しずつ少しずつ、信頼が積み重なっていったことは確かだった。

　マッチングが終わると、それまではスカイプネームしか知らされていなかったお互いの連絡先を交換することになり、電話やEメール、iMessageなどのグループチャットを使い、毎回のスカイプの予定を立てたりした。アメリカとイギリスの間には時差があり、リカも僕も仕事をしていて、ステファニーもフルタイムの仕事に加え、子育てもしている人。なかなか、予定を合わせるのが難しく、週1のペースが守れないこともしばしばあったが、そういうときでも「こんなことした」とか「旅行をした」とか、近況をメールでお互いにやりとりして、連絡をとりあっていった。

ここからは彼女とともに歩く道

　そうやってステファニーとの連絡はマッチングの直後から続いていき、しばらくするとそれが生活の一部になっていっていた。以後サロガシーの

旅は、妊娠・出産と続くのだが、この定期的なコンタクトはそのプロセスを進めていく中で、とても大きな意味をもっていたと感じている。それはお互いの信頼関係を築くことはもちろん、ここまではリカと僕のふたりだけのサロガシーの旅だったのが、ここからは彼女や、彼女の家族とともに歩いていくものだと感じられたことだ。僕らのサロガシーの旅と、彼女のサロガシーの旅、それぞれの道がここで合流し、ここから先ともに歩いていく。まだ見ぬその子に会うために。

代理母と交わす同意書について

アメリカにおけるサロガシー・代理母出産で、非常に重要なプロセスのひとつとして、代理母と交わす同意書を作成することがあげられる。代理母とのマッチングが成立すると、その作業にとりかかることになるのだが、その同意書やその重要性についてご説明したいと思う。

なぜ同意書が必要なのか？

アメリカで行われるサロガシーにおいて、非常に重要なものとなる代理母とＩＰの間で交わす同意書。言い換えると、ＩＰと代理母の間でとりかわした約束事をあらかじめ書面に残しておくこと。同意書の中身は主に「こういうことが起こったら、こうする」というものが多く、プロセスが進む中で起こり得るケース・状況を可能な限り想定し、それらをプロセスに入る前に話し合い、お互いに確認をしていく作業とも言える。同意書は、実際の治療が始まる前にその最終稿にサインをしなければならない。逆に

言うと、それが完成しないことには治療は始められない。生まれてくる子ども、代理母自身、そしてＩＰたち、このサロガシーに関わる全ての人を守ることにつながる同意書の作成。次は、それぞれの立場から見た重要性について書いておきたいと思う。

代理母のために

サロガシーにおいて代理母の権利を守ることが大変重要だということは本書の中でも随時触れている。平たく言うと、代理母になる女性が一方的になにかを強要されたり、金銭をちらつかされ本人が望まない要望を押しとおされるなど、搾取につながりかねないリスクをいかになくすかということ。

この同意書を公平なプロセスで作成し、それを文書として残すことは、エージェンシーやＩＰから最初の約束とは違う行動を迫られたり、最初に提示された補償額が支払われないなどが起きた際に、彼女らを守るための証拠となるだろう。また、産後の休職の期間を長めにとりたいなど、彼女らの生活スタイルや仕事によって、その補償額の希望をＩＰ側に出すことも、同意書作成の交渉の中で行うことができる。この交渉期間中に代理母自身が、その同意書の内容に納得できなければ、サインをしないという選択ももちろん残されており、彼女らの意思が自己決定とともに尊重されるようにされている。

親になるIPのために

サロガシーの話題になると、よくとりあげられるのが、ベビーＭ事件（P.054参照）といって、代理母が出産した後に、その子の引き渡しを拒否したという30年以上も前のケースがある。その頃はアメリカでもサロガシ

一の歴史が浅く、そういったことが起きたのだろう。そういった経験から、現在アメリカでのジェステイショナル・サロガシーの場合、同意書の中には生まれてくる子どもの親権を代理母が放棄する旨が含まれている。これにより、たとえ代理母が子どもの引き渡しを拒否することがあっても、同意書の中で親権を放棄する旨が書かれていれば、その文書が有効と認められ、法的に優先される。ちなみにこの法律は子どもが生まれた場所の州法に則って適用される（余談だが、イギリスでは同意書にその文言があったとしても、最終的には分娩者である代理母の親権が最も強いため、代理母が引き渡しを拒否した場合IPが子どもを引きとれない可能性もある）。

　子どもをもちたいと強く願うIPにとって、さまざまな苦難を乗り越えた先にそんなことがあってはたまらないし、そういうことが起きるのではないかという不安を取り除くためにも、この同意書は重要な意味をもつ。

生まれてくる子どものために

　先にも書いたように、同意書の中身は主に「こういうことが起こったら、こうする」というものが多い。そのひとつが、もし妊娠中にIPであるカップル双方が事故などで同時に死亡した場合はどうするか、ということだった。もちろんそんなことは考えたくもないのだが、そういったことも含め準備をすることが、なにも知らずに生まれてくる子どもへの義務であると言えるだろう。また、生まれてきた子どもが障害をもっていた場合、依頼したIPが引きとりを拒否する、またはIPが堕胎を希望したが代理母がそれを拒否する、という案件などが過去にあった。そういったことになった場合、そのしわよせは生まれてきた子どもにふりかかることになる。

　出生前診断や、堕胎、減胎については、サロガシーにおいてだけではなく自然妊娠においてもその是非が分かれるところではあるが、第三者に出産を依頼するサロガシーにおいては、その当事者同士が同じ考え方を共有

選択、決断、そして書類の嵐

し、それに同意して書面に残しておくということが、非常に重要になってくる。そしてそれは生まれてくる子どもを守るためである。

同意書作成・交渉の流れ

その同意書をつくる流れをここで簡単に書いておきたい。
- 代理母とIPの双方にそれぞれ弁護士である法定代理人(attorney／アトーニー)がつく。
- あらかじめエージェンシーによって作成された同意書の下書きが代理人を通しメールで送られてくる。
- その全てにお互いが目を通し、その内容を確認。
- もし修正したい部分があればそれを自分の代理人に伝え、相手側の代理人を通し交渉を行う。
- 修正を繰り返し、全ての項目において双方が同意した時点で、最終原稿がつくられる。
- その最終原稿にサインをし、エージェンシーに送り、預ける。

こんなところになるだろう。期間はその人それぞれになるが、僕らの場合はマッチングの成立からすると約2カ月弱といったところだったが、それも交渉次第で長くなったりすることもあるそうだ。

法定代理人をたてることの重要性

前項で"代理母とIPの双方にそれぞれ弁護士である法定代理人(attorney)がつく"と書いたが、これがとても大切なことなので説明しておきたい。

代理母とIPの間で交わされる同意書は、同意にいたるまでに交渉が行われるわけだが、その双方に代理人が入り、その交渉を円滑に進めることになる。その主な理由は特に説明を受けたわけではないが、個人的にはこ

う考えている。

- お互いが同等の立場で交渉を行うことができる。
- 代理人が間に入ることで、それぞれの主張や希望を相手に伝えやすくする。
- 第三者が入ることで、無理な要望を通しにくくなる。
- 交渉を任せることで、実際の治療や準備に集中することができる。
- 同意書は法律に関わることや専門用語が多いため、その説明を受けきちんとその意味を理解しながら交渉を進めることができる。
- 法定代理人が入ることで、その同意書が反故にされる可能性を低くする。

　最後の項目について簡単に説明すると、もし同意書にサインをした後で、なにかその約束を破るようなことがどちらかにあった場合、裁判に発展する可能性もなくはない。その際に同意書の存在が重要な意味をもつのだが、その約束を破った側が、「実はあまり意味を理解せずサインしてしまいました」などと証言したら、同意の強要を迫られたととられる可能性もあるようだ。それを防ぐためにも第三者としての法定代理人が、双方にそれぞれつき、交渉を進めるというのは重要なことだった。

同意書作成は、大変だった思い出

　僕らの場合、同意書は最終的に40ページ以上にもわたった。37項目にわたるものが、法律用語や医学用語など見慣れない英語の羅列によって記され、それをひとつひとつ理解していくことは本当に骨の折れる仕事だった。正直なところ、ストレスをとても感じた時期だったと言ってもいいかもしれない。そして、代理母さんとの同意書を作成するのとほぼ時期を同じくして、卵子提供者とも同意書を交わすことになる。その意義や重要性は、代理母とのものとほぼ同じなので、改めて書くことはしないが、やは

Step 2

りそれも同じように大変な仕事ではあった。

　しかしそれと同時に、そのストレスは僕らのサロガシーの旅が一歩一歩前進していることを実感する材料にもなったし、サロガシーのプロセスがそんなに簡単ではないことにどこかホッとした部分もあった。変な言い方かもしれないが、妊娠出産ができない僕らだけれども、そのプロセスをただ誰かに丸投げするのではなく、僕ら自身がしっかりと関わっていけるのだという自覚になったりもした。このプロセスの中での大変さは、産みの苦しみとは比べることができないのは言わずもがなだが、自分たちが産めない体である以上、とにかく自分たちにできることをできる限りやるだけだと、そんなことを感じながらこの時期を乗り越えていった気がしている。

サロガシー、4種類の保険について考える

　同意書づくりと同時進行で検討したのが、サロガシーのプロセスにおいて必要となる保険についてのことだ。基本的には全てＩＰがその保険料や診療費を負担することになっているが、そのサロガシーのプロセスにおいて知っておきたい4種類の保険、
・ＩＶＦ（体外受精）の診療に関わる保険
・妊娠中の検診や、出産に関わる保険
・生命保険
・生まれてくる子どもへの保険
についてお伝えしたい。

　アメリカの診療は自由診療が基本であり、代理母候補の人は民間の保険

会社と契約する健康保険に加入していることが多い。そのうちサロガシーのプロセスでかかる医療費に関わる保険というのは、上記の中ではじめのふたつになるのだが、代理母が加入している健康保険でカバーできるものとできないものとある。ここではそのふたつを分けて見ていきたい。

・ＩＶＦ（体外受精）の診療に関わる保険
　サロガシーのプロセスでは、ＩＶＦを受けるクリニックへ支払うその基本の診療費は全額負担になり、それ自体にかける保険というものはないとのことだった。ただし、その過程でなにか想定外の事態が起き治療費が莫大となった場合、その治療費をカバーするための保険には加入することになる。僕らの場合、エージェンシーがその手筈を全て整えてくれたので、彼らを通じて僕らが保険料などを支払った。

・妊娠中の検診や、出産に関わる保険
　ＩＶＦがうまくいき妊娠が10週目頃になると、ＩＶＦクリニックはそこで役目を終え、代理母さんは地元の産婦人科医に移ることになるのだが、先にも書いた通り、彼女が健康保険に入っていれば、その妊娠と出産にかかる費用はその保険が適用され、その全額から適用分が差し引かれた額をＩＰが負担することになる。その健康保険の契約内容によって、その適用範囲が違う場合があるようだが、その点についてはエージェンシーが把握しているはずなので、彼らに確認することとなる。
　ステファニーの場合、すでに勤めている会社の福利厚生のひとつとして健康保険に加入済みで、その契約内容には妊娠中の検診や出産時の入院費、また生まれてくる子どもに対しても、その妊娠中から生後その病院を退院するまでの診療費が適用されるとのことだった。ただ、その適用範囲も保険によって違いがあるようで、子どもが未熟児だったりなにか問題がみられる場合に利用するＮＩＣＵ（新生児集中治療室）での治療が必要になった場

合などにも適用されるかなど、確認しておいたほうがいいということだった。

・生命保険

全てのサロガシーエージェンシーでそうなのかはわからないが、僕らのエージェンシーではその費用の中に代理母のための生命保険代が最初から含まれていた。それは代理母への保障のひとつとして必要要件であった。アメリカでの妊産婦の死亡率は10万人のうち14人(0.014%) だというデータ[14]がある。しかし、自然妊娠よりもむしろ多くの検査や心理的ケアなどのサポート体制を受けることができるサロガシーにおいては、そのリスクはそこからさらに低くなるだろうと個人的には考えている(その統計は調べたが見つからなかった)。

生命保険のことを聞き、最悪のケースについて考えるのは正直怖いことではあった。しかし言わずもがなサロガシーは医療行為であり、またその特性上さまざまなケースを想定しなければならない。代理母とともにそのリスクも正しく理解した上でサロガシーの旅を進めることが、大切なことだと考えている。

・生まれてくる子どもへの保険

生まれてくる子どもの保険については先にも少し書いたが、ステファニーの加入していた保険で退院時までの検診などの費用はカバーされるとのことだった。しかし僕らが出産後に気づいたことで、この時期に確認しておくべきだったことをここにひとつ書いておきたい。

子どもが無事に生まれ退院した後、近くの小児科医などで検診を受けることになるのだが、その子が生まれた病院を退院すると、もうそれはステファニーの保険は適用されず実費となった。僕らの場合、アメリカ滞在中3回ほど検診のために小児科医に通ったが、その実費はおそらく保険代を

*14　世界銀行(2015年)参照。https://data.worldbank.org/indicator/SH.STA.MMRT?locations=US

払うよりは安くなったと思われるのでそれは良かった。しかし、もしその生まれた子が退院した後になにかあり、その治療のため手術や入院が伴っていたとしたら、莫大な治療費が後にかかる可能性があったわけで、もしこの時期の自分にアドバイスするとしたら、その点をエージェンシーに確認をしておくといいかもしれないと思った。

生まれてくる子どもの保険について、あるカップルのケース

前項でお伝えした、「生まれてくる子どもへの保険」について、ここで僕自身も知らなかった情報をご紹介したいと思う。

ある日、「ふたりぱぱ」ブログの読者さんで、実際にサロガシーの旅に出ているというAさんという人からメールをいただいた。そこには、生まれてくる子の保険について、彼らが調べたことが書かれていた。ありがたいことに「これからサロガシーを検討している人たちの参考にしてもらえるように」という思いでその情報をシェアしていただいたのだ。彼らのご厚意に感謝し、ご紹介したい。

Aさんカップルが、保険に入れなかった3つの理由

Aさんは日本在住で、アメリカでのサロガシーのプロセスに入っている人。すでに双子の赤ちゃんの妊娠が確認されていた。Aさんいわく"無保険で、かつ子どもが長期間、集中治療室に入ることになり、医療費が1億円くらいになったというケースも聞いたことがある"ということで、生まれてくる子どもにかけるアメリカの保険を探していた。数ある保険会社の

中で、サロガシーで生まれてくる子どもにかける保険があるにはあったが、Aさんたちの場合はその保険契約を結ぶことは叶わなかった。その理由は3つある。

1. 両親とも、米国外の居住である
2. サロガシーによる双子である
3. 米国でのサロガシーである

逆に言えば、以上の一つでも回避できれば、入れる保険があったはずだった。

米国の一般の健康保険

まず、「1. 両親とも、米国外の居住である」ことについて。アメリカにおける一般の健康保険は、加入者が米国居住者であることが必要だったため、Aさんたちはその保険に加入できなかった。しかし、生まれてくる子どもたちは、米国籍ももつことになるので、それで保険に入れないか調べたそうだが、被保険者ではなく、あくまでも加入者が米国在住であることが必要だった。その米国居住者資格は、就労ビザなら〇Kだったが、学生ビザは不可だったそうだ。

サロガシーを取り扱う保険会社

米国内には、単胎妊娠のサロガシーのプランを扱う保険会社もあり、米国外在住のIPも加入できるようだが、Aさんたちの場合、すでに双子を授かっており、これが「2. サロガシーによる双子である」ために、加入ができなかった。

またAさんは香港にあるサロガシーのケースを取り扱う保険会社で、生まれてくる子が双子の場合でも加入できる保険を見つけた。しかしその保

険は、米国を除く全世界で行われるサロガシーをカバーしているとのことで、加入ができなかった。

Aさんカップルの結論

Aさんたちの場合、以上の理由で加入できる保険がなく、サロガシーのエージェントに相談、そこで紹介してもらった弁護士による交渉プランというものにいきついた。これは、あらかじめ弁護士にディポジットを支払っておき、高額医療費が生じた場合、その弁護士が病院と医療費の減免を交渉してくれるというもの。Aさんたちのケースでは、ディポジットは5,000ドル、半額に減免できた場合の成功報酬は10,000ドルだそうだ。幸い、Aさんたちのお子さんは順調に育っていて、高額な医療費はかからずに済みそうだということだが、その経験からこのようなことをおっしゃっていた。

「もっと早くこのことを知っていたら、胚を移植するときの判断も変わっていたと思う。これからサロガシーをしようとされている人たちには、まずは自分たちがどの保険に入れるのか確認してからそのプロセスを進めることを勧めたい」

その思いもあって、ご自身の実体験をシェアしていただけた。日本語でのサロガシーの情報が限られている中で、とてもありがたいお申し出だった。

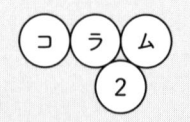

ゲイの社員が
育児休暇をとりたいと言ったら？

　僕とリカは2016年にスウェーデンに完全に移住した。しかし、当初の予定では1年の育児休暇の後、ロンドンに戻るつもりでいた。なので基本的にはイギリスの育児休暇制度を利用した。ここ数年、海外から眺めることしかできないのだが、日本の育児休暇制度も随分と変化を遂げてはきたように見える。しかし2019年現在まだまだ過渡期なような印象があるのも正直な感想だ。もしあなたの職場で、明日ゲイを公言している社員が育児休暇をとりたいと言ったら、あなたはどう反応するだろうか？

　イギリスの法律で保障されている育児休暇制度は、基本的にはこうだ。

・出産育児休暇は52週間取得可能。

・出産手当は最長39週間給付。

・その手当は定額で週136.78ポンド（≒2万4,000円、2014年4月現在）か、給与の90%のいずれか低いほうが事業主から支給される（低所得者と自営業者は国（雇用年金局）から支払われる）[1][2]。

　ちなみにこの制度、以前は母親が対象であり、父親にはそれとは別に短い育児休暇の権利が保障されていた。しかし2015年4月に法律が変わり、出産育児休暇を両親の間でシェアできるということになり、制度上は父親も育児休暇を取得しやすくなった。これらは、法律で最低限保障されている期間や手当の額と言え、それ以上の手当額や育児休暇の期間は、企業が独自に福利厚生のひとつとして用意している場合がある。

父親も育児休暇がとりやすくなる法整備が行われたのには、男女間で労働者が平等にその権利を得られるかという背景がある。それらの変更は男女間のみならず、その他のジェンダーや性的指向、またその子どもを授かる方法がどうであれ、平等に扱われるものとして考えられており、労働者全てが平等の権利を得られるための修正だったと言えるだろう。例として、養子縁組を行い子どもを養育することになった親や、サロガシーによって子どもを授かった親なども、それまであった勤続期間の条件などがなくなり、子どもを自ら産んで親になる人たちと同じように、育児休暇や働き方を請求する権利が平等に得られるようになったのだ。こういった情報[3]はGOV.UKというイギリス政府のサイトから得られるが、それまではサロガシーによって子どもを授かるインテンディッドペアレンツに対しての記述はほとんど見られなかったのに、ここ数年で一気に増え、政府が対応している様子がうかがえる。こういったことが法律で保障されるということは、非常に重要で、もし自分の働いている職場の上司や人事部が、従来の家族のカタチと違うものに対して知識・理解がなかったとしても、「いや、法律で保障されてるんです」と、堂々と言えるというのは、非常に心強いことである。

　ロンドンに住む僕らの友達のゲイカップルも、トラディッショナルサロガシーで子どもを授かり、実際に育児休暇をシェアしている。最初の13週（約3ヵ月）はふたり同時にとり、それ以降は片方のパパが残りの26週をとることにしたそうだ。

　僕らの場合は、少し特殊なケースだったかもしれない。僕らはできるだけ、ふたりで子どもとの時間を長く過ごしたいという気持ちがあり、実際には育児休暇をシェアしたわけではなく、リカがその52週の休暇を全てとり、僕はフリーランスなので、正確には育児休暇をとらずにロンドンでの仕事を全て断り、その時間を育児にあてることになった。

　このように友達の勤める会社やリカが勤めていた会社でもそうだったが、ゲイだからといって育児休暇がとりにくいということはないようだ。とい

うのも、ロンドンの企業ではダイバーシティにとても力を入れていて、ライフスタイルが違う各社員に対し、福利厚生を公平に与えることに力を入れている、というのが実感としてあった。ただ先述の"2015年の法改正"以降も、男性はまだまだ育休をとりにくいという風潮もあり、もしかしたら、ゲイ男性のほうが取りやすいんじゃないかと思えるのは興味深い。実際、リカは会社からはもう少し短い期間で戻ってきて欲しいと言われたのだが、人事や直属の上司との交渉を重ね、52週の育休をとれることになった。先述した通り、法律で保障されている最低限の権利はあると言え、

それ以上の保障(休暇期間の延長や、休暇中の給与の支払いの額など)は、勤め先の企業との交渉次第なのかもしれない。

友達カップルの場合

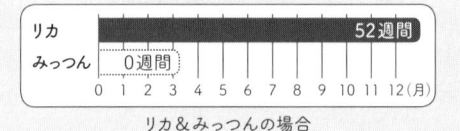

リカ&みっつんの場合

日本ではまだまだ厳しいよ、というお声も聞こえてきそうだが、近年「結婚祝い金」などを同性カップルにも出す企業が出てきているようだし、少しずつながらも確実に変化は起きている。イギリスでの経験で感じたのは、法律が変わるより、企業や人が先行して、社会を変えていくというのが自然の流れなのかもしれないということ。ゲイの社員が育児休暇をとると聞いて、それが特別なことに感じない日が日本にもくることを期待してやまない。

[参考文献]
★1　千葉大学 経済研究 第30巻第1号(2015年6月)「イギリスの児童福祉・家族政策についてのヒアリング調査報告・2」大石亜希子, p76
★2　Modern Workplaces Consultation - Government Response - Equality Impact Assessment (EQIA) on Flexible Parental Leave and Flexible Working / HM Government p4~5
★3　Modern Workplaces Consultation - Government Response - Equality Impact Assessment (EQIA) on Flexible Parental Leave and Flexible Working / HM Government p16

IVFクリニック、そして妊娠へ

アメリカのＩＶＦクリニックへ！

　2015年5月のことだ。僕らは飛行機のチケットをとるためにコンピューターをふたりで眺めていた。いよいよＩＶＦクリニックへの訪問だ。僕らの選んだＩＶＦクリニックは、アメリカ東海岸に位置する、ある都市から車で1時間ほど離れた郊外にあるクリニックだ。

2泊4日の弾丸スケジュール

　この訪問の主な目的は問診や血液検査、そして採精（精子を採取すること）で、その全てを半日かけて行うとあらかじめ聞いていた。予定がずれ込むこともあるだろうから、当日にフライトは入れず、その前後の日に飛行機のチケットをとった。

　2泊4日の弾丸スケジュール。せっかくだから、近くで観光でもしたいという気分にもなったけれど、時間的にも金銭的にも無駄遣いできないなという結論にいたり、必要最低限の旅程。ただ、ホテルから徒歩で行ける距離に大きなショッピングモールがあり、最終日のフライトの前にちょっとぶらぶらするぐらいはできるかもしれないなんて思っていた。ロンドンを日曜日に出発し、水曜日に帰ってくることになる。

　ちなみにこの数週間前に、僕らの代理母であるステファニーはすでにこのＩＶＦクリニックを訪問していた。彼女も、僕らが受ける予定の項目と同じようなチェックアップを行うと聞いていた。レアなケースではあるが、その結果によっては実際の治療・処置に進むことができないこともあるらしい。ありがたいことに彼女は問題なく全てのスクリーニングにパスしたと、この頃にはエージェンシーとステファニー自身から連絡を受けていた。

本当は僕らが行くタイミングで一緒に行ければいいね、と相談していたのだけれど、ステファニー自身も飛行機を使って移動する距離だし、それぞれみんな仕事などの予定もあって、その願いは叶わなかった。また、別の機会を見つけて会おうっていうことになった。

出発前に準備したこと

航空券と同時にホテルも予約した。ＩＶＦクリニックは空港から車で1時間半ほどのところ。クリニックの近くのホテルか、空港の近くのホテルか2択の迷いがあった。結局決めたのは空港近くのホテル。クリニックの周辺は他になにもない郊外の街。帰りのフライトに乗り遅れたりするのも嫌だし、空港近くには大きなショッピングモールもあり、最終日にちょっとお楽しみの時間がつくれるかと思ったからだ。しかし、これが大きな失敗になるとはこのときは思ってもみなかった。

また現地での移動手段として、レンタカーを予約しカーナビもつけたのだが、念のためにグーグルマップで調べた道順をプリントアウトしておいた。アメリカで運転するのははじめてじゃないが、多少の緊張はする。今回の旅行はただの旅行じゃない。念には念を、と気合いが入る。

また、ＥＳＴＡ（電子渡航認証システム）と呼ばれる、アメリカに90日以内滞在する際に必要な手続きもオンラインで済ませた。これは一度申請すると2年間は有効だった。全てのプロセスがうまくいけば、出産まで2年以内に終わるはずだ。このＥＳＴＡが有効なうちに、子どもに会えることを願った。

サロガシーの旅が始まってから、はじめての渡米。いよいよ、このときがきたな、って感じだった。緊張感もあるけれど、それよりもワクワク感のほうが断然勝っていた。それまでいろんなことを調べたり、書類を準備してきたのにかけた時間が2年。それを思い返しながら、僕らはロンドン、

ＩＶＦクリニック、そして妊娠へ

Step
3

ヒースロー空港へと向かっていた。

クリニックまでの遠い遠い道のり

　僕らはロンドンのヒースロー空港からアメリカへと飛び立った。なにも問題なく入国も済ませ、レンタカーをピックアップし、空港から10分ほどのホテルへチェックインした。ホテルの部屋に入ると、突然二人の携帯が同時に鳴り響いた。なんだと思ったら、災害情報のアラート。雨と雷がひどくなるから気をつけろっていうものだった。確かに、ホテルに着いたときはそれほどでもなかった雨がひどくなっていた。夕立というか、長いゲリラ豪雨のような雨が、雷の音とともに近づいてくるのがわかった。台風がくる前日のように、心がざわざわしているような、ワクワクしているような、そんな気分になった。

予想外の大渋滞

　翌日、クリニックの予約は9時15分から。グーグルマップによれば車で1時間半ほどだが、念のためと、早めに出ることになった。昨日の豪雨はおさまって、降ったりやんだりを繰り返す曇り空。カーナビをセットし、ロンドン生活の中で車に乗る機会はほぼないだけに、安全運転を心がけて車を出発させた。車を運転するのはだいたい僕の担当だ。運転するのは苦じゃない、むしろ好きなほうだ。助手席に座るリカは、あらかじめプリントアウトしておいたグーグルマップの道順を手に、カーナビの画面と見比べながら、間違った道に行ってないか確認してくれていた。そのカーナビ

はクリニックへの到着予定時刻が8時45分頃になると、教えてくれていた。予約の時間は9時15分。順調にいけば、予約の時間よりも30分以上も早く到着できるはずだった。

　ところが30分も走らないうちに車は渋滞に巻き込まれていた。片側4車線もある高速道路が車でうまり、亀よりおそいスピードでしか車が進まない。なんだか嫌な予感がした。カーナビを見ると、到着予定時刻がどんどんと変更され、クリニックの予約時間に迫っていた。そこで気づいたのが、このカーナビはわりと古いタイプのもので、渋滞予測なんてしてくれないものだったということ。もしくはしてくれていたけど、全くあてにならないもの。どんなときでも冷静なリカが焦り始めていることを隣で感じていた。

そして、尿意との闘い

　「大丈夫大丈夫、なんとかなるって」と言いながらも、僕は僕で、なんともならない緊急事態が差し迫っていた。トイレに行きたくなってしまったのだ。渋滞に巻き込まれ、なすすべがないまま僕の膀胱はもう限界に近づいていた。普段からトイレが近いだけに、出発直前にトイレ行ったのに！と嘆いたところで尿意はおさまってくれない。オートマ車のブレーキを踏み続ける右足に力が入る。運転席の座席の角度を変えたり、ベルトを緩めたり、しまいにはズボンのボタンも完全に外していた。早くクリニックにも行かなきゃいけないし、おしっこもしたい。もうなにがなんだかわからないけれど、とにかく「冷静にならなくては」と必死だった。ヨガでいつもやっている呼吸法がその猶予をほんの少しのばしてくれたようだ。

　しかし、膀胱というのはその容量に限界があるもの。これはもう最後の手段。さっきから考えていたことを実行に移すことにした。人生初の、ペットボトル排尿。ああ、これをするときがやってくるとは思ってもいなか

ったが、もうこうなっては仕方がない。少し残っていたミネラルウォーターをリカに飲んでもらい空にして、隣の車からは見えないだろうと確認すると、空になったペットボトルの中へ一気にリリース。しかし、これが意外と難しい。漏れないかどうかハラハラしながらも、排尿とともに体の緊張が一気に和らいでいくのが感じられた。

しかし安心したのもつかの間、このペースでいくと500mlのペットボトルが満杯になりそうだ(ちなみに膀胱の容量は平均350〜600mlらしい)。しかしまだまだおしっこの勢いは止まらない。このままじゃ、運転席に溢れ出てしまう！ と、必死に下腹部に力を入れ、おしっこを止める。おしっこ途中で止めるなんて、人生でそうそう経験したことないけど、まさかそれをアメリカの高速道路の上でやるとは、思ってもみなかった。

とにかく「あぁもうちょっとで！」というところで無事中断することに成功。しっかりと蓋を閉めた。ひとやま越えたぜ、って感じでホッとしたけれど、緊急事態はまだまだ続いていた。渋滞のおかげで車中おしっこはできたけど、そもそもこの渋滞がなければ、無事にクリニックに着いている時間だった。そう、もう9時15分に間に合うわけがない！

道に迷ったあげくたどりついたクリニック

リカはクリニックに電話をして事情を説明して、僕はカーナビで他の抜け道がないかを探した。このカーナビがまたポンコツで、全く役に立たない。しかも複雑に入り組んだアメリカの高速道路は、その画面と全く違うもののように見えて、降りる出口を間違えたりもした。短い滞在だからと現地のＳＩＭカードを用意せず、スマホはつながらないし、紙のグーグルマップは僕らの現在位置を教えてはくれない。

その後、絶叫しそうなくらいのパニックになりそうなところをふたりで「大丈夫大丈夫」と呪文のようにつぶやきながら、ときに手をつなぎながら、

一度高速道路を降り、道沿いのスターバックスに入り、どの道で行けば一番早いかを、その場に居合わせた手術着を着たお医者さんに聞き、（残ってたおしっこもそこで念のため済ませ）車に乗り込み、病院に着いたときはもう約束の時間から、なんと2時間が過ぎていた。

　ああ、なんだか大の大人がふたり、大事な大事な診療の時間にこんなに遅れるとは。車を駐車場に停めクリニックの受付に到着するまでの間に、暑くもないのになんだか全身から汗が噴き出してくるのを感じていた。僕らはほんとにこんなんで親になれるのだろうか。クリニックの中に入って、ドクターに会ったら、「こんなに遅刻する人は親になる資格なんてありません」などと言って、治療を断られるんじゃないかとか、本気で頭をよぎったりもした。

　なにはともあれ、渋滞に車内おしっこ、そして道に迷うというトリプルパンチですっかり疲れはてた顔と時差ボケの頭をひっさげて、僕たちはクリニックのドアを開けた。

IVFクリニックにて
──出産までの成功率を考える

本日のメニュー

　2時間超えの遅刻をし、疲れた顔をしたこれから親になろうとする男たちふたりを、クリニックの人たちは快く迎えてくださった。細かく準備されていたさまざまなスケジュールをうまくアレンジし直してくれていたようだ。渡された何枚かの書類に目を通し、必要事項を記入して待合室で待つこととなった。

清潔感のある白を基調とした待合室は、いかにもクリニックといった様子。濃いブルーのカーペットはリカの好きな色だ。窓際にはコーヒーメーカーやウォータークーラーが置かれていて、その隣にはヨガクラスの案内のフライヤーが置かれていた。妊娠中や出産後のヨガというのはよく聞くが、そこに置かれていたのは「妊娠をしやすくする体づくりを念頭におかれたヨガクラス」。そんなものがあるのかと、感心したりしていた。

　受付の人にいろいろと記入した書類を提出するのと交換で、その日のスケジュールが書かれた1枚の紙を渡された。よく見るとしっかりと時間やその部屋などが細かくタイムラインに沿ってリストアップされている。今さらながら遅刻をしたことが本当に悔やまれるが、過ぎてしまったことはしようがない。もうあとはいろいろとお任せするしかない。ひらきなおって確認したメニューは次の通り。

・担当医とのコンサルテーション
・血液検査
・尿検査
・問診や触診などのフィジカル・イグザム
・心理検査
・心理的コンサルテーション
・採精
・料金についての案内

まずはじめは採血から

　これをどの順番でやったかあまり覚えていない。というのも元のスケジュールから大きく変更になっていて、呼ばれるがままに、いろんな部屋に通されたりしたからだ。とりあえず、最初は血液検査だったことは覚えている。精子を使うのはリカか僕のどちらか一方のものだけだが、カップル

両方がこの血液検査を受ける。感染症などのチェックのためだ。わりと大めのシリンジに血液が流れ込んでいく。新鮮な血ってこんなに黒っぽいものなんだとか考えながら、それはあっさりと終わった。

もう次から次へとスケジュールを回される。本来であればもっとゆっくりと落ち着いてこなしていきたいところだけれど、そこは自業自得。しかたがない。次はこちらの診察室で、次はあちらのドクターの部屋で、と案内されるがままそのメニューをこなしていった。

改めて説明される、IVFの成功率

次にきたのは担当医からのコンサルテーションだった。それまでもスカイプやメールなどでそのプロセスや成功率などについて説明を受けていたものの、ここで直接改めて詳しい説明を受けることになる。また僕らからも質問をする最後のチャンスとなった。

そこで一番印象に残った話は、このIVF（体外受精）を行い出産にいたるまでの成功率の話だった。1回目の受精卵移植で妊娠する確率はこれだけ、2回目では、3回目となると一番その成功率が上がってくるものの、それは卵子提供者の年齢や、受精卵の生育レベルにもよって変化するもの。3回行ったところで100%というものではない。妊娠出産というプロセスに、完全というものがないということを改めて意識させられたことだった。

その成功率というのは、思っているよりも高いものであった。それでも、僕の性格のせいなのか、成功しない可能性であるか小さい数字の確率のほうに意識がもっていかれたことは否めない。3回移植して、3回ダメなことはあり得るんだという。どんなに高い成功率を見せられても、その希望に向かって歩く足元は、不安定かもしれないというような感覚になった。子どもをもてるという平均台の上を歩いているようなものつつも、

元気に生まれてくる姿をこの手で抱くまでは、過度な期待をもち過ぎないようにする癖が、いつの間にやらついていたようだ。それは一度子どもをもつことを諦めてからというもの、これまで生きてきた中で身についた処世術のようなものだったのかもしれない。

　ただ心強かったのは、この説明をしてくれたドクター自身も男性のパートナーとの間に代理母出産で授かった子どもがいて、その彼自身が僕らの担当医としてついてくれている。そしてメディカルなことだけでなく、ゲイペアレンツとしての心の準備についても、少し話をしたりした。ＩＶＦのプロセスというのはいろいろと不安になることも多い。その中でこのドクターに出会えて良かったと、本当に思えた。最後にがっちりと握手をして部屋を出たときには、さっきまでの不安は小さくなっていた。

触診と採精

　大幅な遅刻のせいで、とにかく次から次へといろんな予定をこなしていったわけだが、このクリニック訪問において大きな目的のひとつ、「採精」の時間が近づいてきた。そしてそれに合わせ触診などのフィジカル・イグザムも行った。

　しかし先述した通り、僕らは子どもの出自を知る権利を尊重するために、僕とリカ、どちらの精子を利用したかは公表していない。なので、ここでは、その個人が特定できないように、第三者からの目線で書いていきたいと思う。

股をがばっと開けるタイプの診察台

　リカとみっつんは、随分と疲れた様子だった。時差ボケと、渋滞に巻き込まれたストレス、そしてはじめてのクリニック訪問の上に、検査や問診、検尿などを次々とこなし、息つく暇もなかったのだ。しかしそれもひと段落し、ふたりそろって待合室で待っていると、診察室へ通じる扉が開きひとりの女性が彼を呼んだ。

　「これから触診などのフィジカル・イグザムと、採精を行います」

　つまり彼とは、精子を提供する側の人間だ。彼は、ちょっと緊張した面持ちながらも、ソファから腰を上げ、開けられた扉の向こう側へと歩いて行った。

　まず彼が案内されたのは、身長や体重を計る部屋。そこでひとしきりサイズを測られると、次に向かったのは、カーテンで仕切られた診察台だった。それは一見すると歯医者などで使われる椅子のような感じのものであったが、ひとつ違っていたのは、足元の部分だった。いかにも足を置くための溝のようなものがあり、そこに座り足を置いたら、確実に股をがばっと開いておしりが見られてしまうものだった。

　そうか、そうだ。これは産婦人科なんかで使う内診台だ。冷静に考えればここは生殖補助医療クリニックであり、むしろ女性のほうがここに座ることが多いのかもしれない。そしてそういうときには、こういう格好をするわけだ。横にずらーっと並んでいる診察台も同じタイプのものだった。それまで見たこともないようなその診察台に、彼はなぜだか一気に緊張してきた。すると、ついさっきまでこのプロセスを説明してくれていたあのドクターがやってきた。

　「じゃ、服を脱いでここに座ってください」

　と言う。彼の心拍数は一気に上昇しながらも、汗ばんだＴシャツを脱ぎ、

ベルトを外す。パンツも今このタイミングで脱ぐんだろうか、いや、でも
まだそこまで言われてないから、とりあえずズボンだけでいいんだろうと
思いながら、腰のところからズボンをおろし始めた瞬間、

「あ、上だけでいいですよ」

と、ドクターのお言葉。あの特別な椅子を見てしまったせいか、彼は完
全にそこに足を乗っけて、股を広げるものだとばかり思ってしまっていた。
ペニスとか睾丸とかなんかいろいろ見られるのかと。とにかく、彼は妙な
恥ずかしさとともに急いでズボンを上げ、ベルトを締め直し、あの診察台
に腰をおろした。ドクターは首にかけていた聴診器を耳に突っ込み、ぶら
りと垂れ下がったものの先っぽを彼の胸や背中にあて神妙な面持ちで様子
をうかがっている。それは普段の健康診断で行うことと全く同じものであ
った。その後も、ライトを目に当てて目の奥の様子を見たり、脈をとる。

「はい、じゃあ、おしまいです。次は精子取りに行きまーす」

彼はなんだか拍子抜けしたと同時に、あの溝に足を乗っけなかったこと
に安心した。そそくさと、Tシャツをかぶり、看護師に案内されるがまま
に廊下の奥のほうへと歩いていくのだった。

採精するための専用個室とドレッドドクター

フィジカル・イグザムが終わり、看護師に案内された彼が向かったのは、
長い廊下の奥にある「ラボ」と呼ばれるところだった。ラボとはラボラトリ
ーの略。多くの場合実験室、研究室という意味ではあるが、ここでは培養
室と言ったほうがしっくりくるかもしれない。クリニック内で採取した精
子や卵子を体外受精させ、培養するための部屋である。看護師に案内され
た彼がそのラボの入り口あたりまでくると、白衣を着た背の高いドレッド
ヘアのアフリカ系男性が右手を出してきた。すぐさま握手をし、お互いに
挨拶を済ます。ここまで案内してくれた看護師は、

「じゃ、ここからは彼の指示に従って」

と言うと、もときた廊下を戻って行った。振り返るとそのドレッド先生が、これまためちゃくちゃ陽気に、

「お疲れっ！　今日はいっぱいやることあって大変だったでしょ。でも、今からは今日一番楽しいことが待ってるよ！」

と明るく言いながら、彼の背中をポンとたたく。そしてラボの向かい側に位置する左手の個室へと誘導する。

そこは10畳ぐらいの窓のない部屋。部屋の角にはステンレスのシンクだけが付いたキッチンみたいなものがあり、それ以外には、大きめのひとり用カウチと、そんなに大きくない壁掛けテレビがあった。

ドレッド先生はテレビのリモコンを取り出すと、その操作方法を彼に教え、シンクの横に置いてあった蓋つきのプラスチックカップを差し出す。そして、その中に精液を入れしっかりと蓋をして、ジップロックのような袋に入れて、向かいの窓口に持ってくるよう指示をした。また、その隣にはシールになっているラベルが置いてあり、そこに名前を書いてそのプラスチックカップとジップロック両方に貼ることを忘れるな、ということも付け加えると「グッドラック」とだけ言い残し部屋を去った。

プラスチックカップを片手に握りしめ取り残された彼は、いささか緊張しながらもリモコンを手に取り、電源を入れる。すると、たくさんのポルノ動画が見られるようになっていて、男女間のものもあれば、男性同士のものもある。どうしたものか……と彼は思いながらテレビの電源を切った。ひとりカウチに座って、ちょっとだけ気持ちを落ち着かせることにした。すると、壁の向こうから足音が聞こえてくる。さっき自分が歩いてきた廊下だ。なんだか意外と壁が薄い。それとも自分が物音に敏感になっているのだろうか。妙に緊張してきてしまった。

そのしばらく後……

　その後、彼は無事に射精を終え、先ほど渡されたラベルに自分の名前を書き、自分の精子が入ったプラスチックカップにそれを貼り、またそれをジップロックに入れた。扉を開け向かいの窓口のガラス窓をコンコンとノックすると、さっきのドレッド先生が出てきてくれた。彼はその袋を手渡すとその場を後にした。

　正直、あのプラスチックカップの中の無数の精子のどれかが、自分の子どもとなって生まれてくるのか、と思うと不思議な気持ちになった。でもそれと同時に、それは自然妊娠においてだって同じだろうとも思った。精子と卵子が受精する瞬間が見えるわけではない。彼はなんとなく気だるい気持ちになりながら、もうひとりの夫が待つ待合室へと戻って行った。採取された精液は、精子の状態や数などに問題がないか検査され、その後凍結されたと言う。

IVFクリニックにて
──心理的コンサルテーション

IPのメンタルサポートとして

　IVFクリニックでの1日はまだまだ続く。この次はなにかと思えば、心理的コンサルテーションだと言う。最初はなにか検査のようなものかと思っていたが、それよりも僕らIPの精神状態を把握することと、それに合わせたアドバイスなどをしてくれるのだと言う。

　まずは担当のドクターの個室へと案内された僕らは、ふかふかのソファ

に腰をかけるよう勧められた。華奢でとても優しい声の女性の先生だった。もちろん僕らが遅刻して大幅にスケジュールが変わったことはご存じで、「今日はお疲れ様、大変だったでしょう」と労いの言葉をかけていただいた。僕はなんだか心理学の先生というと、心の中を見透かされてしまっているような気分になり、なんだかとても緊張していた。これでなにかヘマをしたら、このIVFのプロセスも止まってしまうんじゃないかということすら考えてしまっていた。それはもちろん杞憂に過ぎなかった。

　先生は、まずそのときの僕らの気分を尋ね、不安に思っていることはないかを聞かれた。僕もリカも不安よりも期待が大きいことを伝え、現在の僕らの生活、そしてこれからどういう家庭を築いていきたいかなどについても話が広がっていった。とは言え、かしこまった話というよりも、とても気楽にそのときの気分を口に出すことができた雰囲気であった。

子どもへの伝え方

　「子どもが大きくなったとき、その子がサロガシーで生まれてきたことについて、どのように説明するかなにか考えがある？」

　これは次に先生が切り出した質問だ。これについてはすでにリカと僕は話し合っており、「特になにも隠すことはなく、ありのままを伝える」と決めていると先生に伝えた。隠そうとしたところで、ゲイカップルの親となると隠せるものではないし、隠さなければならないことでもない。そして先生はこう続けた。

　「個人的にはそれは素晴らしいことだと思います。もちろん、各家庭ごとによって違うので、ここで私が押し付けることはしませんけれどね。ただ、子どもが大きくなるにつれて、自分がどうやって生まれてきたかという出自について、正直でいるほうが、親にとっても子にとってもメリットが大きいですから」

それを聞いてなんだかホッとした。そして先生はさらにもうひとつ質問を投げかけてきた。

　「じゃ、それをいつ、どのように伝えていくかは決めている？」

　と、聞かれ、僕とリカはお互いに顔を見合わせて黙ってしまった。確かに、そこまで具体的なことはイメージしていなかった。その様子を見た先生は次のようにおっしゃった。

　「焦る必要はないんですよ。まだ生まれてきてないんだし。でもちょっとした計画はあったほうがいいかもしれませんね。最終的に決めるのはあなたたち親になる人だけれども、私から言えるのは、少しずつ段階的に伝えていくということ。幼児期の頃は絵本なんかを使って、同性カップルの元で育つ子どもがいるということや、さまざまな家庭があるということを伝えるのがいいかもしれませんね。そして、生殖のことについて知識が増えてくる時期には、一緒になってそれを学びながら、その子がどうやって生まれてきたのかを、少しずつ伝えていくんです」

　そこまで聞いて、なんだかとても遠い先の未来のことを話されているようで、僕は一瞬、ぼーっとしてしまった。しかし先生はまだ続ける。

　「大切なのは、その子が『たくさんの人に望まれて生まれてきた』ということを含め伝えていくこと。生殖のことがまだ全てわからない時期でも……そうね、こんなのはどうかな。『パパたちはきみと一緒に家族になりたかったけれど、パパたちだけではそれが叶わなかった。だからある女性から大切なギフトをもらって、また違う女性にきみを大切に預かって育ててもらったんだ。そうやってきみは生まれてきてくれたんだよ』。そういう易しい言い方から入っていくと、その後も伝えやすくなるかもしれないですね」

　──ギフト。

　そう、とても柔らかくて、そして重みのある言葉だった。ギフトと聞くと、贈り物というイメージだけの人もいるかもしれないけれど、英語圏で

は目に見えるモノだけではなく、思い出であったり、誠実な気持ちがこもっているもの、そして神や自然の恩恵で授かったなにかという雰囲気をもち合わせている。その言葉はこれから生まれてくる子どもにぴったりの言葉だと思った。そしてそのギフトを与えてくれた卵子提供者さんやステファニー。そして、一度は諦めていた子どもをもち育てるということ。もうそのこと自体がギフトなんだ。いろいろな偶然が重なり、タイミング良く、たくさんの人も協力してくれて今この旅の道程にいる。

　まだ妊娠どころか受精卵もできていないこの時点で、これだけのことを考え心の準備をしておくということが、とても不思議に感じられた。でもそれと同時に、それができるということ自体がとてもありがたいことだと思わずにはいられなかった。

周りには内緒にしておくこと

　コンサルテーションはまだ続いていた。はじめの頃の緊張はすっかり解けていたが、脳みそ自体は若干オーバーヒート気味だった。単純に疲れていただけかもしれないけれど。でもまたひとつ大切なアドバイスをもらった。それは生まれてくる子どもの出自について、自分たちの周りにどう伝えるかということだった。「なにも隠すことはない」とは言え、その順序は大切になってくるという話をしたその続き。

　「周りの人やご家族との関係も良好そうだから大丈夫そうだけれど、どうやって伝えていくかということは、きちんとご家族で相談されたほうがいいかもしれないですね」

　子どもと一番近くにいることになる僕らが、そのタイミングを見計らって少しずつ伝えようと計画したところで、他の家族を含め周りの人からうっかり聞いてしまうということがありえるかもしれない。子どもが大きくなったときに特に気になることというのが、生物学的につながる親だとい

うことだ。

このコンサルテーションで、僕らは「ギフト」という言葉で伝えることを学んだわけだけれど、それを僕らが伝える前に、もしくは子どもの準備ができていないのに、他の人から伝えられてしまっては、子どもがその事実を受け入れるのが難しくなる可能性がある。親しい家族の中だけれども、それぐらい近い距離の関係だからこそ、僕らはこうやって子どもに少しずつ伝えていく予定なんだよ、と伝えておいたほうがいい。なにをどう伝えるかは親である僕らに任せて欲しいんだ、ということも付け加えて。

また、家族以外の周りの人から伝えられてしまう可能性もある。それについて考えたとき、僕らが出した答えは「誰が卵子提供者で、どちらの精子を使ったか」ということを誰にも言わないということだ。これはこの本でここまでにも書いてきたことだが、**個人の出自に関わる情報は本人のもの**であり、大切に尊重されるべきものである。このことを学んだのは、実はこの心理的コンサルテーションのときだった。

それ以来、家族と本当に近い友達を除き、生物学的親に関しての質問には「本人の出自とアイデンティティに関わることなので答えられない」ということを伝えている。そして大概の人はそれで、納得してくれる。

ガチョウの親子に祈りをたくす

控えめな期待をもつ癖

怒濤のようにこなしていったＩＶＦクリニックでの全てのスケジュールが終わりを迎えようとしていた。最後に、ドクターに挨拶すると、「あと

はお任せください。いい知らせをお送りできることを祈っています」と言ってくれて、「ありがとうございます」と笑顔で答えたものの、正直なところ心の中は期待に満ち満ちているというわけではなかった。もうこれは癖なんだろう。絶対大丈夫！　と信じきれないなにかがある感じなのだ。なにごとも絶対があるわけではない。大きな期待をして、ダメだったときのダメージを大きくしないため、控えめの期待にとどめておく、そんな癖。

　そんな気分で階段をおり、エントランスのガラス扉を開け、停めていたレンタカーに向かうときに目の前に現れたのは、カナディアングースの親子の列だった。大きな2羽が親で、その後ろにちょこちょこついて行く5羽の子どもたち。ジンクスなどはあまり信じないタチではあるが、その日ばっかりは「こんな親子のガチョウを見られるなんて、縁起がいい！」と、インスタグラムに投稿をしたぐらいだ。

　帰りはクリニック近くにあったホテルの中にあるイタリアンレストランで食事をし、ちゃんとトイレも済ませ、渋滞に巻き込まれずに、空港近くのホテルへと到着した。

　リカは疲れてベッドへ倒れ込んでしまったが、僕は体は疲れているのになんだか目が冴えてしまって、ひとりで1階のバーに行くことにした。瓶ビールを1本頼んで、窓際で飲む。クリニックを往復した際に断続的に降っていた雨は、いつの間にかまた土砂降りになっていた。

　ワクワクしているでもない、不安なわけでもない、妊娠がわかって気合いが入るでもない、でもものすごい前進したような気がする怒濤の1日を過ごしたその感覚。うまく言葉では説明できないようなそれらの混在した感情は、その窓からの景色を強く印象づけた。

　翌日に乗った飛行機の中では、離陸前から寝てしまい、ロンドンに着くまでそのまま眠ってしまったが、こうしてなんとか2泊4日のクリニック訪問は無事幕を閉じた。

卵子提供者と
子の出自を知る権利に関して

　僕らがアメリカからロンドンに帰ってきてからは、どんどんと治療のプロセスが加速していく。ここでは、今まであまり触れてくることのなかった、卵子提供者についてお伝えしたい。ここまでの旅の中であまり触れてこなかったのは、先述した通り子どもの出自に直接関わる情報にもつながってしまうためだ。なのでここでも経験談というよりも一般論としてご紹介していく。

卵子提供までの流れ

　ひとりの女性が卵子ドナーになるまでには、代理母になるためのプロセスと同様にさまざまなプロセスがある。それらのプロセスやその資格・要件など、重複する部分もあるので、ここではどうやって卵子提供者になるのかを、さらっとご紹介する。

1. エージェンシーにコンタクトをとる
2. 自分のプロフィールを作成
3. プロフィールを基にＩＰとのマッチング
4. 心理的スクリーニング
5. 法的同意書の作成
6. 医学的スクリーニング
7. 採卵に向けての準備の治療
8. 採卵

これはエージェンシーや、ＩＶＦクリニックによっても内容や順序などに違いがあるようだが、基本的にはこういう流れのようだ。代理母同様に謝礼の支払いが行われることが多い。その部分も含めた法的同意書を作成する際に、やはり同じように、卵子提供者とＩＰの間に法定代理人を立てて、お互いが対等な立場で交渉が行われることが大切になってくる。また、子どもが生まれ成長する中で、どういう関わりあい方をしていくかということも、大切な項目のひとつになるだろう。

提供者の匿名性

代理母になるプロセスと重複することが多いとは言え、もちろん違う部分もある。卵子提供者は、遺伝的つながりができるということだ。言い方を変えると、生物学的な親になるという。これはこのStep 3で度々出てきた「子どもの出自に関わる」大切なことである。

それについて考えたとき、決めなければならないのは、匿名のままかそれとも卵子提供者とのつながりをもち続けて行くかということ。アメリカでも、匿名か非匿名かの選択は、依頼者であるＩＰの意向によって違う。しかし大切なのはそれと同じ意向をもつ卵子提供者の候補者とマッチングがなされるということにつきる。

僕らの場合は、非匿名だった。つまり誰が卵子提供者であるかを把握しているし、今後いつでも連絡がとれるという状態となっている。どちらが良いか悪いかという話ではなく、僕らにとってはこれがベストな道だったと思う。生まれてきた子どもが自分の出自の事実を求めるというのは自然なことだ。元来、人がもち合わせるその欲求を妨げる理由は僕らには見つからなかった。ただ、匿名であったとしても、子の出自を知る権利を法律などで保障している国などでは、一定の年齢に達した子どもがその生物学的親の情報を知りたいと言ったら、それを照会することになっている。

子の出自を知る権利

　僕らが子の出自を知る権利に関して調べて行く中で、よく目にしたのが、日本における「異性間カップルのための第三者が関わる生殖補助医療」についてのものだった。第三者が関わる生殖補助医療というのは平たく言えば、精子か卵子の提供者がいる不妊治療ということになる。しかし日本では精子・卵子提供を規制する法律がない。それゆえ、国内での治療はハードルが高く、希望する人は海外で提供を受け、日本に戻り出産するケースが増えているらしい。また国内だけに見て限っても、ＡＩＤ（非配偶者間人工授精）によって生まれてきた子どもたちは、1948年にはじめて慶応義塾大学病院で実施されて以来約70年、推計で1〜2万人いると言われている[15]。

　僕らの場合はゲイカップルなので、子どもが大きくなり生殖についての知識をもつと、どうやったって「パパたちふたりがセックスしてきみが生まれてきたんだよ」ということにはならない。それもあって、はじめから隠すつもりなんてなかった。ただ、それが異性間カップルに対して行われる生殖補助医療となると、話が変わってくるらしい。隠すことができるゆえに、子ども本人にも、そして周囲にもそれを隠し通すケースが日本では多いらしい。

　ただ、僕はそうやって隠すことを選んだ人たちを「子の出自を知る権利を軽んじやがって！」と息巻くつもりは毛頭ない。できることなら隠したい、という気持ちがわからなくもない。それは日本における、伝統的な家族像であったり、生殖というのは"自然の摂理"であり人工授精などはもっての他、精子や卵子の提供を受けるだなんて倫理にも反するのではないかという、暗黙のうちにはびこる社会的圧力があったからだと思っている。

　もちろん生殖補助医療について語るとき、倫理についてなおざりにするべきではない。しかしながら、倫理というのは時代や国・地域によっても

*15　https://toyokeizai.net/articles/-/205944

変化のあるものであり、第三者の関わる生殖補助医療という時代はとっくの昔に始まっているのだ。そしてそれによって生まれている子どもたちが増加していると言われている。しかし、日本においては生殖に関わることについて話すことがタブー視される風潮があるからか、生殖補助医療に関しての論議や法整備が遅れている[16]。社会の実態に制度や法律が追いつかないことでしわ寄せがくるのは、それによって生まれてきた子どもたちだ。それまで両親との血のつながりがあると思ってきたのに、大人になってそうではないと突然発覚したとしたら、自らのアイデンティティへの不安と、親から嘘をつかれていたような不信感とのダブルパンチに打ちのめされるだろう。

　僕らは子どもが大きくなったとき、きちんと正面を向いてその話をすると決めている。それはそんなに大袈裟な覚悟ではない。子どもが育っていく中で、その性格も見据えながら対応していく必要はあるだろう。でも僕らが一番大切にしているのは、時間をともにし、子を育て、親もきっと子に育てられていく。その長い時間をかけつくり上げていく関係を大切にし、子どもと正直に向き合っていけば、子どもが自分の出自に関して不安になることはない、と強く信じている。

　子の出自を知る権利に関しては、先述した通り日本においてはまだまだ論議が十分ではなく、賛否両論が分かれるところだと思うが、この本が、もしくは僕らのケースが少しでもその論議のきっかけのひとつになればと、切に願っている。

＊16　増える「超高齢出産」　卵子提供、ルール未整備
(https://style.nikkei.com/article/DGXMZO12933870V10C17A2TZD000/)

11個の卵子

採卵までの流れ

僕らがアメリカのIVFクリニックを訪問したのと同時期に、卵子提供者の各種スクリーニングが始まり、採卵に向けての準備のスケジュールが決まりかけていた。そのおおまかな流れは次のようになる。

1. 経口避妊薬による月経のコントロール
2. 卵子の成長を促す経口薬の摂取とホルモン剤の自己注射
3. 超音波検診と血液検査
4. 採卵

このスケジュールにおいて、3と4はIVFクリニックへの通院が必要となるということだったので、彼女の生理(排卵日)のサイクルを予測・計算し、それに合わせて通院してもらう時期を決めた。1と2のプロセスは採卵予定日のその2週間余り前から自宅にて始めてもらうことになった。それは2015年の7月後半のことだった。

排卵と月経の基礎知識

このIVFのプロセスを行うにあたって、改めて勉強になったのが、女性の体についてのことだった。妊娠の仕組みなどわかっていたと思っていたが、もっと奥深いこと、細かなこともたくさんあった。次項から書いていく採卵のプロセスを知るために、ここでその基礎知識を書いておこうと

思う。

　女性の体において妊娠が成立するためには、毎月行われる排卵と月経が必要となり、その周期は約28日であることが多い。女性は生まれた時点で卵巣に卵子のもととなる「原始卵胞(げんしらんほう)」を約200万個もっていると言われている。それらは思春期の頃までに30万個に減るが、その頃に始まる生理は「卵胞刺激ホルモン(FSH)」と呼ばれるものが分泌され始めることによる。卵巣刺激ホルモンは卵巣の中にある約40万個ある原始卵胞の中から、数個から20個程度が選ばれ、そこから約2週間ほどで、たったひとつの卵胞が成熟し実際に排卵されることとなる。選ばれなかった残りの卵胞はそのまま死滅する。

　選ばれた1個の成熟卵胞は脳から送られる「黄体形成ホルモン」の分泌を合図に、卵子を排出し、その卵子は卵巣を出ていく。これがいわゆる「排卵」と呼ばれる現象である。排卵された卵子は子宮につながる卵管の先でとらえられ、自然妊娠の場合はこの卵管内で精子と出会い受精が成立することになる。

　これらの間に、子宮内では受精卵が到着し精子を受け止める準備のために、内側を厚くし続けているが、受精が成立しなかった場合に、これらの内膜が剥がれ落ちる。これがいわゆる月経となり膣から排出され、通常4〜7日間続くこととなる。

　通常では、このように排卵期には1個の卵子が排卵されるのだが、IVFにおける採卵においては、通常では選ばれず死滅するはずだった20個程度の原始卵胞を、ホルモン注射などにより受精が可能となるまで成熟させることで、複数の卵子を採取することができる[17]。

投薬期間

　1と2の期間はIVFクリニックから彼女の自宅まで薬を郵送してもら

*17　参考サイト：https://www.ferring.co.jp/infertility/femalebody/genital.html
https://www.seirino-mikata.jp/knowledge/hormone/
https://umeda-fc.org/medical/ivf/
http://nishi-ivf.com/medical/medical03.html

step
3

い、その投薬の指示を受けながら自ら行う。ちなみにその間も僕らは連絡をとりあっていて、卵子提供者さんからその様子を教えてもらっていた。

IVFクリニックから送られた薬の中には、各種経口薬と、ホルモン剤のための注射器なども含まれており、自宅で自己注射を行うということだった。彼女ははじめの1回こそ緊張したものの、慣れてくるとそこまで痛みもなくできるようになったと言っていた。薬の副作用の出方は個人の体質・体調によると、彼女も僕らもドクターから説明を受けていたが、彼女の場合は、その期間中眠気が強くなる程度だったようだ。

また、通常では20個のうちのひとつの原始卵胞だけが選ばれ肥大していくのに対し、複数の卵胞が同時に成熟を促され肥大するために、卵巣全体も腫れたようになり、下腹部が張る感じや生理痛が重くなったような痛みを感じたとのことだったが、日常生活に異常をきたすようなほどではないということを聞き、僕らは少し安心した。

通院時期

その後、3と4の期間は卵子提供者がIVFクリニックの近くのホテルに滞在し、2日に一度を目安に通院してもらうことになる。この通院期間は、超音波検査や血液検査などによって、ここまで継続して行っているホルモン剤注射の効果をチェックし卵胞の成熟度合いを見計らい、排卵予定日を決める。目安としては経口避妊薬を飲むことをストップした日から、2週間後頃が排卵予定日となるが、それは卵胞の成熟度合いによって多少前後するらしい。モニタリングされた数値がいい状態になってきたところで、採卵予定日を決定する。

採卵当日

　8月のはじめ、いよいよ採卵の日が決まった。当初予測されていた日より3日早くなり8月3日。現地時間で月曜日の朝だ。血液検査や超音波のモニタリングの結果が順調にいっているということだった。採卵の前日には卵子提供者さんは採卵の準備のための投薬を行ったが、なんの副作用もなく無事にことが進んでいると本人からメールがあった。そしてその日が採卵日だと知っていたステファニーも僕らのところに激励のメールを送ってくれたので、卵子提供者さんにそれを転送した。とてもいいチームでひとつの目的に向かっている、それを実感した瞬間だった。みな飛行機でないと移動できない距離にいる同士だけれど、こうしたマメな連絡と、そしてお互いへの信頼でこのプロジェクトが進められている。この時期は僕らの出番はあまりなくてもどかしい気持ちがあったけれど、「今は彼女らに託そう」と、心から思える瞬間だった。

　採卵時は点滴による静脈麻酔が施され、眠っている間に手術は行われる。膣内超音波によって映し出された画面を見ながら卵胞液とともに卵子を吸引・採取する方法。施術自体は30分ほどで終わり、卵子提供者は少し休み麻酔から目覚めると、その日のうちにホテルに戻った。

　僕らは、その当日にはクリニックから連絡をもらい、計11個の卵子が採卵できたとの報告を受けた。また卵子提供者の経過も良好であり、本人からは麻酔から覚めたときに疲れただるさみたいなものはあるものの当日はゆっくり休み、数日後には近くのビーチでゆっくり横たわりながらリラックスしているということを聞いた。安心とともに、またひとつステップをクリアしたという気持ちになった。

　ただ、先のドクターからの説明で最大20個ほどの卵子を採取できると聞いていたのだが、それが11個になったということは、ここから採取した卵子と精子を授精させ、妊娠・出産へとつながるその確率が単純に半分

の確率になった感じがした。しかし、このいただいた11個のギフトに期待をかけ、そのときは祈るしかなかった。

　そして11個の卵子たちは、数カ月前に凍結されていた精子たちと引き合わされ、体外授精へのプロセスへと向かうのであった。

着床前診断について

　さて、ここまでに採精と採卵が終わり、この後そのふたつを引き合わせ、体外受精が行われるわけだが、その際に行う大切な検査がある。着 床 前診断だ。ここではそれについて触れておきたい。

着床前診断について

　卵子提供者から取り出された卵子は精子と引き合わされ、受精卵となる。アメリカでは体外受精におけるプロセスの中で、着床前診断が選択肢として用意されている。着床前診断とは、「受精卵の段階でその遺伝子や染色体を解析し、受精卵が子宮に着床して妊娠する前に、遺伝子や染色体に異常がないかどうかを調べる医療技術」である。

　僕らが選んだＩＶＦクリニックにおいてもそれを勧められた。ＣＣＳ (Comprehensive Chromosome Screening) と呼ばれるものであった(生殖補助医療はまさに日進月歩の世界であり、現在はそのクリニックでもＰＧＳ (Preimplantation Genetic Screening) by ＮＧＳ (Next Generation Sequencing) と言われる技術にとって代えられているが、ここでは当時僕らが選んだＣＣＳを基に書き進めることとする)。

着床前診断の目的

ドクターから着床前診断を勧められた一番の理由は、受精卵を代理母の子宮に移植した際の着床率を上げ、流産の確率を下げるということだった。一部の染色体の数が多過ぎたり少な過ぎたりする「異数性をもつ受精卵」というのは、子宮に着床しにくく、また着床したとしても60％以上の確率で流産につながると言われている。ドクターによると自然妊娠の場合であれば、流産や不妊の原因が「異数性をもつ受精卵」であることは気づかれないままであるらしい。体外受精の場合は、受精卵がその名の通り体外にあるために、この着床前診断を行うことが可能で、先述した通り、着床率を上げ流産の確率を下げるということにつながる。またその受精卵の性別も判明するために、望む性別の子が欲しいとなれば、それを選んで子宮に戻すということも行えるらしい[18]。

アメリカにおいては、これらの診断は出生前診断とともに行われることが珍しくないようだが、世界各国の例をとると、生命倫理、特に「命の選別」や「優生思想につながるのではないか」という考えから厳しい規制がある国もある。日本は法律における規制はないが、日本産科婦人科学会における指針を基に、少しずつ議論が重ねられているようだ[19]。

僕らの選択

僕らはこの着床前診断をしてもらうことに同意をしたのだが、その選択をする中で大切だった理由はふたつ。子どもが無事に生まれてくることと、できるだけ代理母の負担を軽くしたいという考えだった。着床率が高ければ、移植のための準備を何度もすることなくその負担を軽くできるし、流産による体力的・精神的負担は実際に移植を受ける代理母の立場を考える

[18] https://www.rmact.com/comprehensive-chromosome-screening
[19] 「着床前診断」対象拡大を検討　来春にも、日産婦が方針
(https://digital.asahi.com/articles/ASLDJ73JWLDJUBQU00H.html?_requesturl=articles%2FASLDJ73JWLDJUBQU00H.html&rm=371)

Step
3

と計り知れない。それらのリスクを少しでも抑えられるのであれば、この着床前診断をしない手はなかった。

11個が4個に

　採卵が行われたその日、数カ月間凍結されていた精子が解凍され、ラボの中で引き合わされることとなった。そしてそこで数日間培養され、染色体検査を含む着床前診断や胚評価を経て、良好な胚(受精卵)だけが凍結され、代理母への移植を待つこととなる。

胚の質を評価する

　卵子の中にひとつの精子が入り込んでから30分後には卵割と呼ばれる細胞分裂が始まる。受精後30時間後には細胞がふたつに、また受精後40時間後には4つに、受精後60時間後には8つにと倍々に増えていき、自然妊娠の場合は、だいたい受精後6日頃で子宮に着床する。体外受精の場合、クリニックでは受精後の胚を定期的に、また前期と後期に分けてチェックをし、その質を評価する。
　前期は分割期〜桑実胚期と呼ばれ、分割スピードや均一性、また着床の妨げとなるフラグメントと呼ばれる核分裂を伴わず細胞質のみが分裂して生じた断片の割合をチェックする。後期は胚盤胞期と呼ばれ、細胞塊(胎児になる細胞／ICM)と栄養外胚葉(胎盤になる細胞／TE)で構成され、その2種類の細胞数を基にそれぞれABCの三段階で評価が行われる。どちらの細胞も順調に数を増やしているようなら「AA」、片方の数が少ないようで

あれば「ＡＣ」などとふたつのアルファベットで結果が表示される[20]。

残ったのは4つの胚

受精が行われたのは8月3日で、その3日後の木曜日に最初の報告がドクターからあった。それによると、11個あった卵子のうち、受精が成立したのは6個あったが、その後順調に細胞分裂を続けている胚は4つあるということだった。

体外受精のプロセスは僕らにとってこれがはじめてなわけで、その数字が多いと受け止めるべきか少ないと受け止めるべきか、はたまた妥当な数だったのかわからなかったが、本音を言えばその「4」という数字を見てショックを受けていたことは否めない。全ての卵子が受精の成功につながるわけではないと、頭ではわかっていながらも、無意識のうちにその大多数が受精卵として成長していくことをイメージしていたのかもしれない。ドクターはまた受精後6日後にあたる日曜日には後期の検査の結果を報告してくれるということだった。

日曜日までの3日がとても長いもののように思えた。途中で成長がストップしてしまうことだってありえるし、成長が続いたとして着床まで向かわない可能性だってあると、さまざまなケースを頭の中に準備するようになっていた。

4つの胚の評価、そして移植へ

日曜日。結果がメールできた。ひとまずいい知らせだった。3日前に報告を受けた4つの胚は全て順調に細胞分裂を繰り返してきたということ。そして各胚の評価も付け加えられており、それは「AB」「BB」「BC」「CB」というもので全て凍結・保存されるということだった。

*20　https://kamiyaclinic.com/flow/art/term2/#section2
https://kamiyaclinic.com/wp-kmy/wp-content/uploads/2016/10/2405891f59647f350
9eaf03feed45fed.pdf
https://www.ivf.co.jp/?page_id=15

IVFクリニック、そして妊娠へ

Step
3

173

そしてまたその数日後、ドクターと電話で経過の報告と以後の予定について話し合った。凍結された4つの胚は成功率がそれぞれ変わってくるものの、全て代理母の子宮に移植することができるレベルの胚だということ。そして評価の高いふたつの胚から移植を進める予定だということだった。また、移植当日の施術はずっと担当してくれていたドクターとは違うドクターが行う予定だったが、僕らの担当ドクター自らが行うことになったことも付け加えてくれた。僕らはふたつの胚を同時に移植することを予定していたので、チャンスは2回、ということになる。

ステファニーも移植の前に投薬

　移植をする際に妊娠しやすい状態をつくるため、代理母のステファニーへの投薬が始まっていた。卵子提供者さんのときのように、自宅にその薬剤や注射器が届けられ、自己注射を行うということだった。彼女いわく、エリックがいるときはいつも彼に打ってもらっているということだった。彼女は投薬期間中から自分の住んでいる地元の不妊治療クリニックに通いホルモンの数値などの検査を行っていた。そのクリニックはＩＶＦクリニックと相互に連絡をとりあい検査の結果を相談しながら、胚移植の日程の予定を立ててくれていた。そして最初の1回目の胚移植、その予定日は8月24日に決まった。エージェンシーはステファニーと、付き添いでくるエリックのふたり分の2泊3日の旅行をアレンジしてくれた。

顕微受精について

　先述した通り体外受精は試験管またはシャーレの中で授精させられるのだが、ごく稀に顕微授精（ＩＣＳＩ：Intracytoplasmic Sperm Injection）だったかと聞かれることがある。答えは「No」になる。

顕微授精とは、顕微鏡を使い卵子に直接注射針で精子を送り込む授精方法。これは主に精子に問題があり、精子が自ら卵子の中に入っていけないケースにおいて進められる治療方法であり、僕らの場合には必要なかった。

胚移植（embryo transfer）

妊娠しやすくする鍼治療

　ステファニーへ胚を移植する日程が決まり、残すところ1週間ほどとなったある日、IVFクリニックから連絡がきた。それによると、「これはオプションではあるのですが、胚移植にあたり、着床率を高め妊娠へとつなげるための鍼治療を施すことできますが、希望されますか？」ということで、鍼の代わりにレーザーを用いるレーザー鍼治療の詳細が添付されていた。ものすごい最先端の生殖補助医療を行なっているクリニックからまさか鍼治療を勧められるとは思ってもみなかったが、その資料には、
　「二千年以上続く東洋医学で重要だった鍼治療。伝統的には極細の鍼でツボを刺激することにより、気の流れを良くし、リラックス効果を生み出したり血流を良くすることが認められています。当クリニックではご希望により、胚移植の前後にこのレーザー鍼治療を行います。これにより気の流れを高め着床率を高めるものと考えています。この鍼治療を受けた場合、その着床率が15％上昇するという実績が当該クリニックにはあります」
　実際その15％という確率はそこまで魅力的な数字ではなかったが、はじめは20個と聞いていた卵子の数が11個になり、そこから成長した胚は4個になり、という中でのオファー。もちろん、余分にそのコストはかか

IVFクリニック、そして妊娠へ

Step 3

る。子どもをのぞむＩＰに対していい商売しやがるな、といううがった見方をしてしまう瞬間も正直あったが、15％でも可能性が上がるのであればというところで、やってもらう方向にした。もちろん、ステファニーにもその旨を伝え、彼女の意向を聞いてみることにした。彼女も僕らの意見に賛同してくれて、鍼治療の手配をしてもらうことになった。

移植当日

2015年8月24日。移植の日がやってきた。ステファニーとエリックは、ＩＶＦクリニック近くのホテルに無事チェックインしたと、その前日には連絡をもらっていた。当日の朝も1通のメールをくれたのだが、それによるとふたりはボリュームたっぷりの朝食を食べ、クリニックに向かう準備もできたところだという。僕らもメールで順調に施術が進むことを祈っているということを返事した。

当日は胚移植の前に、担当のドクターと電話をして改めて話をすることができた。それによるとステファニーのホルモンの数値などはとてもいいということ、ドクターは全力を尽くすが、その成功率は以前も伝えてくれていたように、100％ではないということ。その後の経過も随時伝えてくれるということだった。

移植が行われている予定の時間は、ロンドン時間の夕方。そわそわする気持ちに抗うかのように、いつもと同じように僕らは家で食事を済ませ、いつもと同じような夜を過ごし、いつもと同じように寝て、翌日になった。朝起きるとドクターから1通のメールが届いていた。「全て予定通りうまくいった」。まず施術がうまくいったことに安堵したが、それが成功にすぐつながったかまではわからない。

そしてその夜。日付が変わろうかという頃に、ステファニーからメールが届いた。それによると、すでに無事自宅に戻ったということだった。施

術自体はびっくりするほど早く終わり、副作用らしき若干の腰の痛みを感じたものの、なにごともなくホテルに戻ったということだった。疲れからというよりも、無事に終わった安心感であったり、緊張からの解放からか、ホテルに戻り4時間近く眠ったという。そしてその週は彼女は時間に余裕があるということで、詳しくはスカイプでいろいろ話そうということになった。

胚の写真

　8月27日、移植から3日後。僕らはステファニーとスカイプをして、移植の日の様子を聞いていた。いつもエリックが一緒にいてくれて安心して施術を迎えることができたこと。2泊3日の旅はその移植のためといいながらも、子どもを預けふたりで旅行するいい機会になったことなどを教えてくれた。例の鍼治療は、特にそれがどう効果をもたらすか、実感はなかったけれど、効果があるといいね、と笑いながら話をした。

　そして、その約1週間後(移植した日から11日後)には、地元のクリニックで血液検査を行い、胚が着床したかのチェックを行うという。彼女も僕らも、お互いにワクワクしてたまらないね、という話をしたが、その中で彼女が興味深いことを言った。

　「たぶん……だけど、くっついてる気がする」

　ふたりの子どもを産んだ経験のある彼女。そんなことわかるのかなという気持ちもあった。しかし、ちょうどその頃妊娠した僕の友達の女性も似たようなこと言っって、旦那さんとセックスしたその数日後、「これはもうできた！」ってわかったらしい。もちろん全ての女性がそうであるわけではないけれど、そのステファニーの感覚が当たっていて欲しいと願いながらスカイプを切った。

　移植した際に超音波で子宮内の様子を撮った写真があるということで、

IVFクリニック、そして妊娠へ

step
3

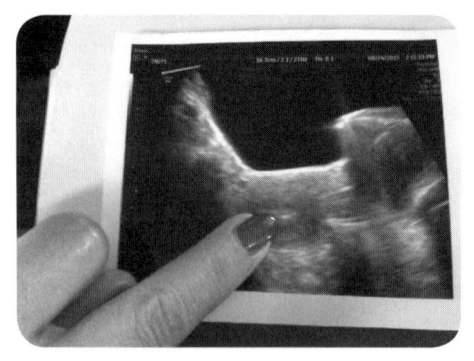

移植後の子宮内超音波写真。指を指しているところに胚がある。

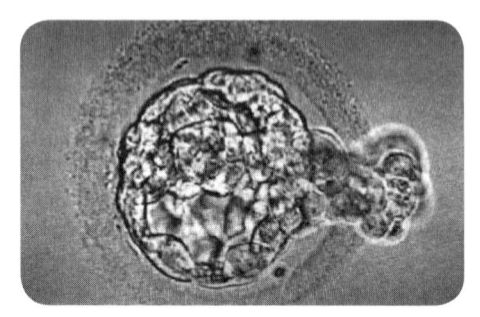

胚のアップ写真

スカイプ後にメールで送ってもらった。1枚目はその子宮内の写真。彼女の指が写真のまん中辺りを指差している。胚自体は小さ過ぎて見えないのだが、胚と一緒に送り込まれた泡がその白い楕円のように見えるらしい。そしてそれとは別に移植されたふたつの胚のアップの写真も送ってくれた。それはネットなんかでよく見てきた受精卵の写真。ちっちゃな泡がいっぱいつまったようなボールがあり、その外側の1カ所からその中身が溢れ出ているような様子。それはヒトの胚においても「孵化」と言うらしいが、その孵化して飛び出したところが子宮の壁に根をおろすようにくっつき、そこから成長が始まっていくらしい。

　この体外受精というプロセスを進めていくと、自然妊娠だったら気づか

なかったような、人体のその神秘を逐一見ていくことができたのは貴重な体験だった。

妊娠の早期診断

　胚移植が無事に終わり、あとは検査を行い、その後の経過を観察する時期になった。妊娠の早期診断は、血液中のhCGという数値を測定することで行う。hCGは着床後に胎盤になる部分から分泌されるホルモンということで、それが検出されれば着床したと確認できる。

　そのスケジュールはこのような感じだった。

　　8月24日（移植0日目）─胚移植
　　9月2日（移植9日目）─1回目の検査
　　9月4日（移植11日目）─2回目の検査
　　9月18日（移植25日目）─はじめての超音波検査

　これらの結果を待つ間、祈るようにして毎日を過ごした。移植した胚はふたつだったが、せめて片方だけでもいい、とにかく無事に着床してその後の妊娠につながっていって欲しい、そう願うばかりだった。

期待と慎重のはざまで

　普段通りの生活をしているが、どこかそわそわしてしまう1週間が過ぎた。9月2日、ＩＶＦクリニックから1通のメールが届いた。それによると地元のクリニックからＩＶＦクリニックに連絡があり、血液検査の数値によると着床の兆候がみられるということだった。本当に嬉しい連絡だったが、喜びたいところをぐっと抑えて、「まだまだ」という気持ちにもなっ

た。とにかくすぐにステファニーにメールをすると、また2日後に検査をすると言う。1回目と2回目の間の数値の違いをチェックするらしい。

　その2回目の検査の日には、彼女はクリニックの待合室からメールをしてくれて、週末にスカイプしようということになった。その2回目の検査の結果、理由は忘れてしまったが、ちょっと遅れて出てくるらしい。週末のスカイプでは一緒にエリックも交えて話をして、妊娠しているかどうかのドキドキ感をともに味わっていた。彼女に「ワクワクしてる？」と聞かれて、僕らが答えたのは「楽しみではあるけど、まだまだ喜び過ぎないようにしているよ」と伝えると、「そうね、それは私たちも同じ。でもいい感じにいくと思う」と彼女は答えた。

　そしてその数日後、彼女から嬉しい知らせが届いた。2回目の検査の結果だ。ｈＣＧの数値が、1回目のそれと比べて倍の数値になっていたという。つまり、着床が成功したと言っていいらしい。それとほぼ同時にエージェンシーやＩＶＦクリニックからも連絡があった。ただ、「嬉しいお知らせです！」とは言えど、どちらもまだまだ「おめでとうございます！」という言葉は使っていなかった。妊娠初期はまだまだ不安定な要素も多い。妊娠10週目頃の検査で心拍が確認できるまでは、「おめでとうございます！」は早過ぎるのだ。一歩一歩進むその過程は、まるでシーソーの真ん中に立っているようで、期待したい気持ちと、期待しないようにする気持ちの中間に立って両側に揺れているようだった。

　エージェンシーやＩＶＦクリニックのそういった対応は、僕らの気持ちが揺れ動いているだろうことを予想してのものだったと思う。経験のある人たちからの、ささいなことのように思える精神的なサポートが、この旅路を陰で支えてくれているひとつになっていたと、振り返って思う。ちょうどその結果を受け取った翌日に、僕らはふたりで日本へ行くことが決まっていた。どうやら心拍の確認ができるのは、日本滞在中になりそうだった。その期待を胸に秘めたまま、僕らは日本へと旅立った。

日本旅行と心拍確認

日本の家族へどう伝えよう？

　妊娠の結果を待つ間の日本旅行。主に僕の地元名古屋と、僕らが出会った街東京がその拠点となった。名古屋に帰るときには家族が集まってくれると言う。リカを連れて帰るのもこれで2回目だ。総勢20名の家族が集まり、魚のうまい地元の居酒屋に行くことになった。リカも違和感なくこの中に入ってくれているし、家族のみんなも受け入れてくれている。とにかく楽しい時間が過ぎていった。しかし、この旅の間頭を巡っていたことがある。子どものことを話すかどうかだ。

　結果から言えば、誰にもそのことは話さなかった。リカを連れて帰ることができるようになったと言っても、両親にカミングアウトしてからまだ数年。ゲイが子どもをもつということは、彼らにとって晴天の霹靂になるのは目に見えている。しかも妊娠したかどうかもまだ確実にはわかっていないのだ。自然妊娠した場合だって、流産の可能性が少なくなった時期に、少しずつ周りに伝えるのが、多いケースだろう。スウェーデンの家族とは違う。もうちょっと様子を見て、安定期に入ってからでもいいだろう。そんなふうに考えていた。でも、正直なことを言えば、そのことを伝え反対されることを恐れていたのだろう。これまでに、サロガシーについて寄稿したりツイートしたりしていて反対意見を目にしようが、自分で調べて考えて正しいと思えることならなにを言われても構わない、という気持ちがあったが、家族となるとそんな強気にはなれない僕がいた。

初の超音波検査

　家族と時間を過ごした後は、東京へと移り懐かしい友達と毎日のように会っていた。美味しいものを食べ、楽しい時間を過ごした。ひさびさの新宿二丁目にも行った。前みたいに朝までクラブで踊ったりということはもうしなかったけれど、本当に楽しかった。子どもができたらこうやって飲みに出歩くこともできないのかなぁ、なんて思ったりもしていたが、9月18日、ＩＶＦクリニックからの1通のメールが届いた。

　「ステファニーの地元のクリニックから連絡があり、超音波検査にて子宮内膜に胎嚢(たいのう)（赤ちゃんを包む袋状のもの、この時期の赤ちゃんはまだ胎芽(たいが)と呼ばれる）がついていることが確認できました。順調に着床して成長しているようです。まだまだ継続的なモニタリングは必要ですが、心臓が動いている様子も認められました」

　とのこと。心拍確認だ。ちょうどその頃、僕とリカとは別行動をしていたため、滞在先のホテルに戻ると、お互いに、「メール見た？」とどちらからともなく口を開き、そして控えめなハグをした。心拍が確認できたというのは、サロガシーの旅の中でひとつの大きな山場。正式に妊娠が確認できたことになる。その後、ステファニーにもすぐにメールをして、週末にスカイプをする約束をした。スカイプでは僕らの日本旅行の話をしたり、その超音波検査のことであったり、以後行う予定の検査についてお互いに話あったりした。その回の検査ではふたつ移植した胚のうち両方が着床したのか、ひとつだけが着床したのかはわからなかったそうだ。ひとつの胎嚢は確実に確認されたが、端っこのほうにひとつ「なにか」が見えていて、可能性として双子の可能性というのも残っているらしい。そしてその週は「妊娠7週目」にあたるということだった。

待ちに待った"Congratulations!"

そしてその後、改めてエージェンシーからは"Congratulations!"（おめでとうございます！）という件名のメールが届いた。そして以後の流れ、妊娠期間中や出産間近の頃のスケジュールなどの概要を記した資料が送られてきた。その「おめでとうございます！」の言葉と、次のステップの資料を手に入れたこと、そして「妊娠7週目」という言葉の響きが、それまで控えめにしていた喜びの気持ちを一気に解放してくれた。そしてまた、それは安堵の気持ちを引き出してくれた。

胚移植というのはその準備期間も含め、ステファニーにとってとても大きな仕事だ。この1回目の胚移植が成功していなければ、彼女が再度その大きなプロセスを行うことになっていただろう。もちろん1回目の胚移植で成功する人たちばかりではないらしいことも知っている。だから僕らも彼女も、最大3回のサイクル（胚移植の準備から施術までの期間）に挑戦しなければならない可能性については覚悟していた。「おめでとうございます！」の言葉はその覚悟のストレスから解き放ってくれる魔法の言葉となった。

東京のふたりママ

ふたりママからの連絡

そして日本への滞在も残り2日に迫る中、僕のツイッターに1通のメッセージが届いた。それは"小野春"という「にじいろかぞく」という団体を運営している女性だった。この団体のスローガンは「子育てするLGBTと

Ⅰ ＶＦクリニック、そして妊娠へ

Step 3

その周辺をゆるやかにつなぐ」(queerfamily.jimdo.com より)だ。日本ではサロガシーに関しての情報が足りないと感じる中、僕らの話を聞いてみたいということだった。

　僕は以前、とあるＬＧＢＴＱに関する情報をまとめるウェブメディアに寄稿をしていて、そこでサロガシーについて書いたことがあった。その後もツイッターなどでＬＧＢＴＱが子どもをもつことに関して情報を発信していた。彼女はそれ以来フォローしてくれていて、連絡をくれたようだ。日本にも子育てをしているＬＧＢＴＱの人たちがいるのかという驚きとともに、これは僕こそいろいろ話を聞いてみたいと、早速会うこととなった。翌日の日曜の夜、新宿二丁目のココロカフェで待ち合わせることになった。

　ココロカフェにあらわれたのは、小柄な女性。挨拶をかねて話を聞くと、彼女は同性のパートナーと３人の子どもを育てているという。お互いに男性と結婚経験があり、そのときに授かった子どもをお互い連れての生活を過ごしている。いわゆるステップファミリーだ。それ以来、同じような状況にいる仲間や情報を探すために、「にじいろかぞく」というホームページをつくり、最近ではその仲間が少しずつ増えてきて、お茶会などのイベントを開くまでになっているという。そんな中、ゲイの人たちからもいろいろと問い合わせを受けることが増えてきたのだが、にじいろかぞくのメンバーはそのほとんどが女性であるらしく、サロガシーであるとか養子縁組であるとか、ゲイカップルが子どもをもちたいと願ったときに得られる情報がないと感じていたそうだ。そんな中僕の寄稿を見つけ、いつも楽しみに読んでいてくださったという。そして小野さんは特にサロガシーの話を聞きたかった理由を話し始めた。

先入観に気づき、きちんと知るということの大切さ

　「サロガシーや代理母出産と聞き、日本では否定的な意見しか目にしな

い。自分も出産を経験した身としてその大変さもわかっているし、正直なところ、サロガシーを肯定する気持ちには今までなったことがない。ごめんなさいね。ただ、性的指向や性自認に関わらず子どもを切に願う人の希望はよくわかるし、かと言ってそれを無下に否定することができるほどの知識も情報も持ち合わせていないなって気づいたんです。先入観もあったのかもしれません。だからこそ、みっつんに会ってきちんと話を聞いてみたかった」

あまりに正直にその思いを伝えてくださって、僕は本当に嬉しかった。それまで、寄稿をしたりツイートをして発信していく中で、サロガシーをネガティブにとらえる人も多くいることはもちろん承知していた。しかもそのやりとりは常にネット上だ。ただ、そういった意見を目にするたびに僕が思っていたのは「もっと本当のことを知って欲しい」という思いだった。小野さんは自分の意見をまっすぐに伝えてくれた上で、話を聞き入れる準備をして連絡をしてきてくれた。それは本当に嬉しいことだった。

小野さんには、ここまでの僕らのサロガシーの旅について丁寧に伝えた。短い時間の中で伝えられることというのは限られてきてしまうが、それでも小野さんは「聞くこと全てが目から鱗で、いままでのサロガシーへの印象から、すっかりがらっと変わってしまった」と言っていただいた。そして僕らのサロガシーのプロセスは妊娠を確認できたところまで進んでいることを伝えると、大きな笑みを浮かべあたたかい祝福の言葉をいただいた。

ブログを立ち上げるきっかけのひとつに

「これまでゲイの人たちが、というよりも男性全般が子どもをもつことや、妊娠出産に関する知識や情報から、いかに遠ざけられてきたのかを、みっつんの話を聞いて改めて実感した。またどこかに寄稿したりしない

IVFクリニック、そして妊娠へ

Step ③

の？　あなたの話を聞きたい人は山ほどいるよ。ぜひ書いて！」

　これは小野さんとお別れをする間際に言われた言葉だ。彼女との出会い
は、サロガシーだけではなく生殖補助医療であったり、ＬＧＢＴＱと呼ば
れる人たちが子をもち家庭を築いていくことが、日本ではいかにタブー視
されているかということ。また、口に出すことも憚られているのかという
ことも実感した出来事だった。

　もしかしたら、多くの人ではないかもしれないけれど、僕が知っている
わずかな情報ですら知りたいと、切に願っている人が少なからずいるかも
しれない。振り返れば、僕自身もずっとそのひとりだった。最近でこそ、
そういったＬＧＢＴＱが子どもをもつことに関しての記事を日本国内でも
見かけるようになった。しかし当時、わずか5年ほど前までは皆無と言っ
てもいいほどで、情報を仕入れたければ英語圏のものを頼るしかなかった。
その気づきと小野さんの励ましは力強いパワーとなり、自分のブログを立
ち上げようと決心したのだった。そしてその1カ月後にはブログ「ふたり
ぱぱ」の前身である、「ロンドン在住ゲイカップルが、代理母出産で子ども
を授かる話」を始めることとなった。

　小野さんとの出会いは、日本にもすでにＬＧＢＴＱファミリーが生まれ
つつあるということを実感させてもらえた大きな出来事であったし、僕自
身日本語でこのことについて話し合える仲間に出会えたことは本当に嬉し
かった。その後もこの小野さんをはじめ「にじいろかぞく」のメンバーとい
ろんな関わりをもっていくようになったのだが、それはまた別の機会に書
くことにしよう。

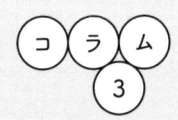

人口7万人、地方都市のプライドパレード
in スウェーデン

　息子くんが生まれ、一緒にスウェーデンのルレオにやってきたのが2016年5月。その翌月にはこの町でもプライドフェスティバルが行われるということだった。プライドフェスティバルはＬＧＢＴＱの文化やその存在を讃え、その権利と平等性を訴える社会運動の場だ。1969年にアメリカのゲイバーで起きた「ストーンウォールの反乱」を記念して6月に行われることが多く、その流れは世界中に広がっている。最近ではゴールデンウィークの定番となってきた東京レインボープライドのニュースや、ロンドン、ニューヨークなど大都市などの華やかなパレードを目にした人も多いだろう。しかし、ここスウェーデンのルレオはちょっと趣が違う。

　北スウェーデンの主要都市ではありながら、その人口はルレオ市のみで4.7万人ほどで、秋田県湯沢市と同じぐらい。ルレオ周辺都市を合わせた人口が7.6万人ということで徳島県阿南市と同じくらい（スウェーデン全体の国の総人口は2016年現在約987万人）。まずプライドフェスティバルが開催されていることだけでも僕は驚いたのだが、ここのパレードはいわゆる「フロート」がなく、ドラァグクィーンもいないし、音楽がガンガンに流れているということもなく、裸のおにーちゃんもいない。パレードを歩いている中で誰がＬＧＢＴＱで、誰がアライかの区別がつかない。沿道にいる応援者より、パレードに入って歩いてる人のほうが断然多い、といった感じ。はじめての子ども連れでのパレードとしては、アットホームで、参加者全

てがこのプライドパレードの意義を理解していて、ＬＧＢＴＱとストレー
トの垣根がなく、この町全体が「人間の平等」について正しく理解していて、
それを大切にしている。ＬＧＢＴＱというのはその一面であるだけで、生
きている人間が主役なんだって、そんな雰囲気が感じられるものであった。
またパレードを一緒に歩いている子どもの多さと言ったら、他のどこの大
都市のパレードよりも多かった。もちろん数を正確に数えたわけじゃない
のだが、そのパレード参加者全体の割合から言ったら、断然多いと言い切
れる。ただ、あまりにも地味過ぎて、政治的デモ行進のようになっている
まじめ過ぎる感じもしたので、大都市の華やかなプライドの要素がもうち
ょっとあってもいいかなーとも、正直思うところではあった。

　また、3日間にわたり開催された期間中、さまざまなイベントやセミナ
ーも開催される。僕らが参加した子どもを育てるＬＧＢＴＱの会はスウ
ェーデン国教会が主催するもので、僕らが初参加した2016年には僕らを含
め2家族だったものが、2018年には10家族以上にもなっており、着々と
子どもをもつ同性カップルが増えているのを感じている。また、その他に
も「母親は誰？」と題されたセミナーでは就学前学校（いわゆる幼児園）など教
育の現場での対応について講義が行われたりしている。「既存の性や家族
のカタチに関する考え」から「多様化する家族」への変化が進む中、ヘテロ
セクシャルの人間が、陥りやすい失敗例などをあげていたりしていて、教
育現場に携わる人の質疑応答なども熱く交わされていた。

　またスウェーデンの大きなＬＧＢＴＱ団体ＲＦＳＬが主催したイベント
では、ＲＦＳＬがどのような問題に取り組んでいるかということについて
のレポートもあった。2009年に性的区別のない結婚法（同性婚を認める法律）
が施行されて以降も、それでＲＦＳＬの役割は終わったわけではないとい
うことを強調するものであった。日本ではまだまだ結婚の平等性すら認め
られていない段階ではあるものの、ここスウェーデンではそのまた先をす
でに見ているのだなというのを強く感じた。僕らがこのイベントに参加し
たのにはひとつの理由があった。ＲＦＳＬは政府などにも提言をする影響

のある団体で、ＬＧＢＴＱが子どもをもつことに関して団体としてのポリシーを聞きたかった。ここでは近年変更されたレズビアンカップルの不妊治療に関する法律についてや、同性間カップルがアダプション（養子）をしたい場合、それは可能だけれども国内にはあまり待機している子どももおらず、海外からのアダプションはプロセスが難しいことなどを聞かせてくれた。またサロガシーに関しては特に反対の姿勢をとっていないということではあったのだが、裏を返せば賛成の立場もとってはいないということらしい。スウェーデンにおける生殖補助医療に関しては、また他の国とは

違う流れがあると感じているのだが、そういった話を直接こういった団体から聞けるというのは、プライドフェスティバルの重要な役割のひとつだと感じている。

　アットホームなパレード、そしてたくさんの情報にアクセスできるイベントやセミナー。大都市と比べ、マイノリティが集まりにくい地方都市の中で、こういうプライドフェスティバルが行われるということに、たくさんの意義がある。そんなことを学びながら、「こんなパレードが自分が子どものときに自分の町にあったならどんなに良かっただろう」と思ったり

もしている。特に2016年にはじめて息子くんと歩いたプライドパレードでは、それまでで一番心に残るものとなった。横で一緒に歩くリカとベビーカーの中の息子くん、そして自分自身のこと。個人として、そして家族として、これほど静かに、しかし確実に心の中に湧き出すプライドを感じることができたのだから。

Step 4

僕らの子どもに
会いに行こう

妊娠週と出産までの流れ

男も読むべき、妊娠出産についての本！

日本旅行から帰ってくると、オーダーしておいた1冊の本が届いていた。『What to Expect When You're Expecting』(Heidi Eisenberg Murkoff & Sharon Mazel著、日本語版は『すべてがわかる妊娠と出産の本』／アスペクト刊)と題されたその本は、ステファニーに「アメリカ中の女性が妊娠したときに読む本だ」とお勧めされた本で、妊娠中に女性の体がどう変化していくかや、生まれてくるまでの胎児のサイズや様子、生まれてくる前に準備できることなどが妊娠週ごとにとても丁寧に書かれている本。それまで知らなかった妊娠と出産についての知識を得ていくのは、本当に興味深いことだったし、科学的、医学的な説明を読んでもなお、赤ちゃんが女性のお腹の中で育っていくことが、神秘のように感じられた。そしてその本は赤ちゃんが生まれてくるまで、僕らの旅のお供となった。

たとえば、妊娠週について。僕の頭の中では、「十月十日」という知識ほどしかなかった妊娠期間。しかし実際には9カ月ほどだし、この本に書かれているように、週ごとにその妊娠期間をとらえるのが大切だと学んだ。また英語版ではtrimester(トライメスター)と呼ばれる3つの期間に大きく分けられていることを知った。

妊娠初期(the first trimester)：受精完了から妊娠13週目

妊娠中期(the second trimester)：14〜28週目

妊娠後期(the third trimester)：29〜40週目

一般的につわりが起こり流産の可能性がまだ高く残るのが妊娠初期。妊

娠中期の中頃になると、胎児の動き（胎動）が感じられ、28週目になると早産となったとしても胎児が生き残る可能性が高くなるという。そしてそれを過ぎ、妊娠高血圧症の可能性が出てくる後期は29週目以降となり、自然妊娠では40週目前後に出産の兆候が訪れる。

　日本のドラマなどの影響なのか、「妊娠〇カ月です〜」などと月で数えるのが普通だと思っていたけれど、この本を読んでからは、妊娠してる人に質問するときは「今、妊娠何週目？」などと聞くようになった。というのもこの本では、一般的な胎児の成長の様子や母体の状態などが週ごとに書かれいるページもあり、その知識を得ることで妊婦さんとそれについて話が通じやすくなった気がするのだ。そして、僕らにできることは限られているけれど、この本で彼女のそのときどきの状態を学ぶことができ、そのサロガシーの旅を少しでもともに歩けるのであれば、と感じていた。そしてそれはもしかしたら、サロガシーのケースにとどまらず、妊娠する女性の全てのパートナーさんは知っておくべき知識なのではないかとも思ったりする。

　本章の前半ではこの妊娠週を軸に、後半は出産後の様子を書いていこうと思う。日本旅行からロンドンに帰ってきたときは妊娠8週目にあたり、その頃判明した出産予定日は2016年の5月。ただただ無事にその日を迎えられることだけを考えて過ごした、残り32週のサロガシーの旅だった。

妊娠初期 （妊娠8〜13週目）

IVFクリニックからOB/GYNへ

日本旅行の最後の日にスカイプをしたときには、つわりがあると言っていたステファニー。ロンドンに帰ってきた週はちょうど妊娠8週目で、その中頃にはつわりもおさまり、普段のものを食べられるようになっているとメールがあった。それまで通り、妊娠期間も週1〜隔週程度でスカイプや電話で連絡をとりあい、その合間も逐一メールで連絡をとりあっていた。

それに加えIVFクリニックからはある連絡を受けていた。それはこの時期、ステファニーがだいたい週1のペースで地元のクリニックに通院し始めるということ。そしてそこで受けた検査の数値はIVFクリニックに送られ、モニタリングをされる。さまざまな項目の数値が一定なところを超えたら、不妊治療自体は完了ということになり、IVFクリニックの役目が終わる。そして、ステファニーは地元の病院へ通い始める、ということだった。

きっと自然妊娠であればこんなにマメに検査をすることはないのだろうが、これだけ検査が多いのはIVFであるのが所以だろう。出生前検査も行われたが、お腹に針を刺すような羊水検査（確定検査）ではなく、その前段階である血液検査や超音波検査による非確定検査だということだった。そしてその全ての検査で、順調な経過をたどっていると、ステファニーやIVFクリニック、そしてエージェンシーからも報告を受けていた。

妊娠9週目の終わり頃、それらの検査の結果を受け、それまでお世話になっていたIVFクリニックとドクターは役目を終え、以後はステファニーが住む地元の病院へその役割がうつっていくこととなった。基本的に地

元の産婦人科医は主に代理母が選ぶことになるが、もちろんＩＰの意見も尊重してくれる。ステファニーは、それまでは助産師さんにお願いしていたらしいが「今回はサロガシーということもあるし万全を期して臨みたいから」と、大きな総合病院を選んで紹介してくれた。

ふたつのうち、ひとつ

　ちょっと前の超音波検査では、移植したふたつの胚の両方が着床していたか確認できなかったが、その後着床したのがひとつだけだったことが確認された。そのニュースを聞いたときの気持ちは、正直なところ残念な気持ちがなかったわけではない。しかし、それ以上にホッとした気持ちにもなった。双子の妊娠出産は母体への負担やリスクが高くなることを聞いていたからだ。またその気持ちもさることながら、なにより安堵したのは、ひとつだけでもしっかりくっついてくれたということだった。最初は20個ほど採れると思っていた卵子が11個になり、そこから受精卵になったのが6個で、そのうち順調に育ったのが4個だったという経過を思うと、もう今回がラストチャンスなんじゃないか、というなかば切羽詰まった気持ちがあったのかもしれない。1回目の移植で、妊娠にいたらなかったケースも経験談として聞いていた。とにかくひとつでも順調に育ってくれているということの喜びのほうが大きかった。

　しかし、エージェンシーからは親切なフォローアップのメールが届いた。こういったケースは僕らだけではないらしく、もし気持ちの整理がつかないということであれば、ソーシャルワーカーと話すなど、カウンセリングを受けられるという提案もいただいた。しかし、僕らはその気遣いへの感謝の言葉とともに、大丈夫だという旨を伝え、先へ進むこととなった。

僕らの子どもに会いに行こう

step
4

妊娠に男が関わっていくということ

　この時期の検査が進むにつれ、エージェンシーやＩＶＦクリニックなど
の各種担当者の人たちから、「Congratulations!（おめでとうございます）」のメッ
セージが届くようになった。その文字を見るたびに喜びが積み重なって
いく。エージェンシーのプログラムコーディネーターからは、これから妊
娠20週目頃までは、特に大きな動きがなく落ち着く期間だと言われてい
た。しかし、その間もステファニーとは連絡ををマメにとり、妊娠期間に
積極的に関わっていくよう言われていた。

　僕らは言われなくても、もちろんそのつもりだった。関わりたくてしょ
うがない、というと変な言い方かもしれないが、自分でできるものなら妊
娠してみたかったし（そりゃちょっと怖いけど）、自分に彼女ができていたと
したら、ガンガン関わっていっていたと思う。そんなことを考えていると、
いわゆる「フツー」に妊娠して家庭を築く異性間カップルにもこれは当ては
まることなんだな、なんて思ったりしていた。もしかしたら、サロガシー
のプロセスのほうが男が関わろうとするその勢いは、異性間のそれよりも
強いことが多いんじゃないか、とすら思えてきた。ま、もちろん個人差は
あるだろうけれども。とにかくステファニーも、検査があるたびにメール
をくれたりスカイプをしたりして、その状況をシェアしてくれていた。あ
るときなんかはその日にやった超音波検査の様子をこんなふうに嬉々とし
て語ってくれた。

　「今日のエコー検査すっごいクールだった。もうはっきり赤ちゃんの姿
や心臓が動く姿がバッチリ見えたし、手をあげたり下げたりしてるのも見
えたりしてね！　もうその姿はほんっとにキュートだった〜！　いつか一
緒に検査も行けたらいいね」

　僕らもそのメールにすぐさま返事をし、「見られてるのがわかって、手
を振ってくれてたのかもしれないね」なんて返した。そしてこの時期から

彼女に会いにいく準備をし始めた。もちろんお腹の赤ちゃんにも。

妊娠中期① ステファニーに会いに行く

　妊娠期間中に、というか出産する前に一度は彼女に会っておきたかった。むしろ会って然るべきとさえ思えた。それはもちろんお互いにそう思っていたわけだが、いつ行こう？　ステファニーとスカイプで話していると、アメリカでは、11月の感謝祭のあたりにまとまった休みをとるらしく、それに合わせて僕らは彼女と僕らの赤ちゃんに会いに行くことになった。ちょうどこの時期、僕に外せない仕事があり、その合間を縫ってまたまた2泊4日の弾丸旅行。アメリカまでの航空券と、彼女の家から車で10分ほどのホテルとレンタカーを予約した。妊娠17週の頃だった。

　この頃になると、まだ会ったことのない彼女とすっかり距離が縮まったように感じていた。僕らの関係性というものはハタから見ればとても稀なつながりだろうが、素直にそう思っていた。アメリカに向かう飛行機の中では、遠距離恋愛中の恋人に会いに行くかのような妙な胸の高鳴りがあった。ロンドンからアメリカに向かうと多少の時差があるものの、1日がちょっと長くなるというぐらいのものだ。フライトも東京とロンドンの間を行ききすることを思うとずいぶんラクだ。空港でレンタカーを借り、5月にIVFクリニックを訪れたときの反省を踏まえ、スマホをしっかりつなぎ、グーグルマップに車のナビをお願いすることにした。そしてその精度に感動し、あのときもこれを使っていればと悔やまれた。

僕らの子どもに会いに行こう

Step
4

サプライズ好きの彼女は思ったよりちっちゃかった

　彼女が住んでいるのはアメリカのとある大都市の郊外。ホテルの周りは、収穫を終えてすっかり地面をならされたトウモロコシ畑があり、部屋の窓から見えるその景色はとてものどかなもの。そうやって窓の外を眺めていると、リカがなにかを見つけて僕を呼ぶ。リカの目の前には、可愛くラッピングされた透明の箱に入ったおしゃれなチョコレートの詰め合わせと、水色の封筒に入ったグリーティングカードが置かれていた。宛名は僕らの名前。見た感じはどうってことのない、ありふれたホテルなのに、随分おしゃれなことをするもんだ、と思いながらそのカードを開いてみる。「Welcome」の言葉に加え、短いメッセージの最後にしたためられていたのは、ステファニーのサインだった。本当に嬉しいサプライズだった。近くにあるとは言え、あらかじめわざわざここへきて、ホテルの人にお願いしておいてくれたのだろう。彼女のその気配りに、もうワクワクがとまらなかった。

　ちょうどその頃僕らの携帯に彼女から1通のメールが届いていた。そこには「もし疲れてなければ今晩一緒に食事でもどうか」とのこと。すぐに彼女に電話をすると、約束の時間を決め彼らの家へ一度おじゃますることにした。僕らはシャワーを浴び、身支度を済ませると夕方彼らの家へと向かった。

　若干緊張気味の道中を過ぎて到着したのは、立派な一軒家。インターホンを押すと、ステファニーと、エリックが出てきてくれた。すでにお腹が大きくなっていて、完全に妊娠しているというのがわかる様子の彼女。でもなにより印象的だったのは、彼女の身長の小ささだった。プロフィールなどで身長はわかっていたはずだけれど、実際に会って見たら想像よりも随分小さい。双子だったら体力的にかなりしんどかっただろう。

　直接的にははじめて会うふたりだけど、なんだか久しぶりに会う友達の

はじめてステファニーに会いに行ったとき、
ホテルに用意されていた小さなサプライズ

ようだ。簡潔に挨拶を済ますと、家の中を案内してくれた。この週末はふたりの子どもたちはちょうど不在。実の父親（ステファニーの前夫）とともに過ごす日らしい。ステファニーは「今日は大人たちだけでゆっくりできるね」といい、彼らのオススメのバーガーレストランへ食事に行くことになった。彼女はお酒を飲めないからと運転手をかって出てくれた。

　一度、僕らはホテルに車を置きに行き、彼女にピックアップしてもらってレストランへ向かった。なにか特別なことを話したというわけではない。でも、お互いの生活のことだったり、今のパートナーとの馴れ初めだったり、彼女の子どもが小さいときの子育て話を聞いたり、とてもリラックスした時間を過ごしていった。ひとつ残念だったのは彼女とお酒を酌み交わせなかったこと。しかし、それはまた将来そういうときがくるだろう。

　支払いの段になった。日本でもよくありがちな「いや、今日はうちが払うから」のやりとりが始まった。テーブルに伝票を持ってきてくれたウェイターを前に、お互いに支払いのカードを出し合って。「今回は私たちがホストなんだから、初回の今日は払わせて。また明日以降もあるんだし」という彼女の言葉に甘えることとなった。そこかしこに垣間見える押し付けがましくない彼女の優しさは、ありがたいものだった。

Step
4

僕らの子どもに会いに行こう

病院見学

　2日目。この日はステファニーがホテルまで迎えにきてくれた。エリックは午前中に仕事があるいうことで、ステファニーと僕らは3人で、彼らがよく行くというお寿司屋さんにランチを食べに行き、その後は一緒に買い物に行くことになった。

　ザ・アメリカンといった雰囲気の屋外型のショッピングモール。特別になにか探しているというわけではなかったが、スタバで買ったコーヒーを持ちながらブラブラと歩き回り、とりとめのない話をしながらいろんな店に入っていった。そのうち、GAPがあった。店内に入ると、僕らは自然と子ども服売り場へと向かっていた。それまで妊娠の状態が安定するまでは、子どもの服やおもちゃなど買わないようにしていた。もしなにか不測の事態が起きて、子どもを授からなかったら、悲し過ぎると思ったのだ。それに、子どもが生まれてくるときには、リカの妹の子どもたちからたくさんのお下がりがくることもわかっていたから。でも、もうここまでくると、その気持ちを抑えることはできなかった。ステファニーとリカと一緒にあーだこーだ言いながら決めたのは、ロンパース型の産着。0〜3カ月用で、グレー地に、ペンギンのプリントがドットのように散りばめられたもの。それにペンギンのくちばしと手がついたニットの帽子も合わせて買った。

　そしてその後は、病院へと向かった。彼女が出産をするために選んだ病院。それは大きな幹線道路に面した総合病院で、彼女の職場と目と鼻の先という距離に位置している。万全を期すために大きな病院で、ということもあったが、これだけ近ければもし職場で急に産気づいたとしてもすぐに病院に行ける、そんな理由もあって、彼女はここを選んだようだ。本当は彼女の検査があるときに合わせて、超音波検査など一緒についていけたら良かったのだが、なかなかみんなの予定が合わず、その日の見学だけになった。

大きな総合病院だけあって、診療科目ごとに入り口や駐車場が違うらしい。彼女の運転する車についていき産科病棟の駐車場へと着いた。実際に子どもが生まれてくるときも、これで迷わずにくることができるだろう。僕は自分で言うのもなんだが、一度運転した道を覚えるのが得意なほうだ（もちろんナビにも頼るけれど！）。駐車場には仕事を終えたエリックも到着していてここから合流することに。彼女はもう何度かここへきているらしく、中を案内してくれた。そしてナースステーションへ向かうと、そこにいる看護師にこう話しかけた。「すみません。昨日連絡したもので、見学できるようにお願いしていたのですが……」そしてお腹をさすりながらこう付け加えた。

　「わたし、ここで出産予定のものなんです。あ、って言っても、彼らの子どもですけど」

　と。看護師は「なるほど、じゃ、ちょっと準備するのでお待ちください」と言って準備し始めた。

　そのとき、自分の中に不思議な心の動きがあった。彼女が僕らのほうを振り返り「彼らの子ども」と言ってくれたときだ。この数年、そのために準備してきたわけで、それはわかっていたはずのことなのに、急にズシンと実感が湧いた気がしたのだ。そしてそれと同時に、彼女がしっかりとその心づもりで準備してきてくれているということへの安堵もあった。子どもが生まれた後に引き渡しを拒否するというサロガシーのケースも過去にはあったと聞いていたせいかもしれない。彼女の口から「彼らの子ども」という言葉を聞けたこのときに、大きな安心を得られたのは正直なところだ。

　そんなことを考えていると、さっきの看護師が戻ってきて、分娩室を案内してくれた。分娩室はまだ改装されたばかりのところで、とても綺麗だった。出産当日は立ち会う場合であれば、4人まで入れるということで、おそらくリカと僕、そしてエリックが入ることになるであろう。そして次は出産後に滞在する病室。産後は個室を2部屋用意してくれて、ひとつは

ステファニーの部屋、もうひとつは僕らと生まれてくる赤ちゃんの部屋になるという。その部屋の中で僕らはいくつかの質問をした。以前にもサロガシーでの出産をとり行ったというこの病院では、そういった場合はどう対応するかや必要な書類など、事細かに説明をしてくれて、それはとても安心できるものだった。そして約半年後に訪れるその日を想像すると、武者震いがするようだった。そう、この病院で僕らの子どもが生まれてくるのだ。

ミートボール

そしてその夜また彼女の家にお呼ばれし、ご飯をご馳走になることになった。ご飯のちょっと前ぐらいに、ふたりの子どもたちが帰ってきて挨拶をした。上の女の子はマッディ、下の男の子はジャック。彼らにはロンドンから持ってきたちょっとしたお土産があった。マッディはファンシーなペンが好きだということで無印のカラーペンセット。ジャックはいろんな国のコインを集めているということで、家にあった10カ国以上のコインをかき集めて持ってきた。ふたりともとても、優しくていい子だった。その際、ステファニーは僕らのことをこう紹介した。
「ミートボールのパパたちになるふたりだよ」
そう、この頃ステファニーたちはお腹の中の子どもをミートボールと呼んでいた。最初はふたりいるかもしれないということで、日本の代表食「スシ」とスウェーデンの代表食「ミートボール」と呼んでいたらしいが、ひとりしかいないことがわかると、なんとなくその子は、「ミートボール」っぽいということで、それ以降そう呼ばれていた。
ステファニーがご飯をつくってくれている間、エリックはマッディの宿題を手伝ってあげていた。ジャックは得意のゲーム、マインクラフトを見せてくれた。その間も時折ステファニーのところへ行って、なんだか甘え

お腹を触らせてもらったとき

た様子を見せている。彼らの普段の生活の様子を垣間見られたようで嬉しかった。

　食後、子どもたちはもう寝る時間だと言われ、しぶしぶ自分の部屋へ戻っていったが、大人4人はおしゃべりを続け、ワインを2本開けていた。そして僕は前からお願いしたかったことを、ちょっと遠慮がちに聞いてみた。お腹を触らせてもらいたい。ステファニーは「もちろん！」と笑顔で答えてくれた。僕もリカも交代で触らせてもらったのだが、すっかり膨らんだそのお腹はあったかくて、丸くて、思ったよりも張りがあってかたく感じたのが印象的だった。そして彼女のお腹を触りながら、4人で記念撮影をした。

この人でよかった

　3日目の朝。ホテルでチェックアウトを済ませると、ステファニーの家におじゃました。コーヒーを飲みながら、5月にくるときのための周辺のホテルを一緒にチェックしたり、出産プランについて軽く話し合ったりした。といってもそんな堅苦しいものではなく、世間話の間に「あ、そうだ。

Step
4

ふたりはまだ立ち会うつもりまだある？　わたしは全然構わないけど、気が変わったらいつでも言ってね」「搾乳はどうする？　する？」という感じ。とてもリラックスして過ごせ、僕らが空港へと向かう時間となった。「じゃ、またね」とハグをしながら挨拶をし、車に乗り込んだ。ステファニーの家はバックミラーの中で小さくなっていった。

　あっという間の3日間。その帰りの飛行機の中で思い出していたのは、僕らが代理母を選ぶにあたって出した条件だった。

　"代理母になるということを決めることに関し、自ら選択をし、自分の気持ちの整理ができている人。またストレスなく気持ちに余裕があり、自分の生活に対し経済的安定と責任感がある人。"

　本当にその通りの人を紹介してもらえたと思う。こればっかりは巡り合わせ、ご縁があるかどうかなのかな。とにかく残り約半年、彼女に僕らの子どもを託せることに、大きな感謝と喜び、そして安心を感じながらロンドンに到着した。

妊娠中期② （妊娠20〜28週目）

始まった親権に関する書類の準備

　妊娠20週を過ぎたあたりにエージェンシーからは、親権や養育権など法的書類の手続きに関わる専門の担当者から連絡がくるようになった。基

本的なこととして、出生地主義をとるアメリカで生まれてくる子どもは、アメリカのパスポートを取ることができ、そのパスポートを使い出国し、ＩＰが暮らす国へともに帰ることとなる。まずはその手続きにかかるプロセスを理解するところから始まった。そしてそれに加え、僕らは日本とスウェーデンの国籍を取れないかを模索し始めた。

　担当者に、僕らの国のケースの前例があるかを聞いたが、スウェーデンは数例、日本は皆無ということだった。しかも僕らは国際カップルであり、しかもイギリス在住だったため、そのプロセスが一層複雑化した。僕らはお互いの国のケースを調べるためさまざまなサイトを調べ、ときには在アメリカの大使館や、在ロンドンの大使館などにも問い合わせをし、知り得た情報をエージェンシーの担当者にシェアし、なにができるかを少しずつ準備していった。エージェンシーの人たちもはじめてのケースだったのだ。

　それらの法的手続きなどは、おもに妊娠中にしておくこと、そして生まれてからすることとあり、遅れが生じないよう早めに準備をするように心がけた。

性別判明

　年があけて2016年。僕らはクリスマスの時期から続けて、スウェーデンのリカの実家を訪れていた。そしてクリスマスのバタバタが落ち着いた1月2日にステファニーと恒例のスカイプをした。彼女は妊娠21週目にあたる年末に超音波検査を受け、その結果をシェアしたいとのことだった。特ににその回の検査ではミートボールの性別が確実にわかったらしい。スカイプをつなぐと挨拶もそこそこに、ステファニーは僕らに「性別知りたい？　準備はいい？」とちょっとワクワクしたようにもったいぶった。僕らはそれに対して「もちろん！」と答えた。そしてその答えは……

Step
4

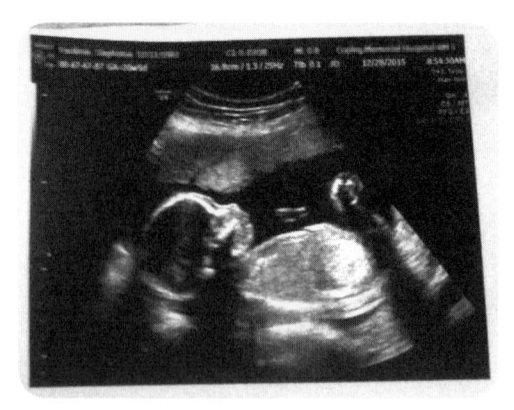

2015年末頃の超音波写真。性別判明時。

「It's a boy!」

　ということで男の子！　僕らは性別にこだわりがなかったが、それを聞いた瞬間に一気になんだか盛り上がった。でもきっと、女の子だったとしても盛り上がっていただろう。「性別を知る」ということ自体が妊娠期間中の一大イベントなのだ。それになんとなく男の子のような気がしていて、その予想が当たったことへの小さな喜びがあったのかもしれない。とにかくスカイプ越しに3人で盛り上がったことを覚えている。そしてスカイプの後に、その証拠写真、超音波検査の写真をメールしてくれることになった。僕らははじめての超音波写真に大興奮した。

不安要素

　そして性別発表の後は、もうひとつ話さなきゃいけないことがあった。このスカイプをする前にもメールで軽く聞いていたのだが、ちょっとだけ不安な要素がこの超音波検査で見つかったのだ。それは「低置胎盤」という症状。お腹の中の胎児はへその緒によって母体から栄養を受け取ったり、老廃物を出したりする。そのへその緒がつながっている先には胎盤という

206

円盤状の臓器がつくられ子宮内壁にはりつき、母体と胎児の血液が直接混じり合わないような構造をなしている(酸素や栄養、老廃物などは血漿を通じて交換される)。

　低置胎盤というのはその胎盤が赤ちゃんの通り道である子宮口のあたりの低い場所に位置することで、自然分娩を妨げる要因となる症状。その位置に関しては個人差があるもので、子宮口を覆ってしまうほどだと「前置胎盤」と呼ばれる。ステファニーの場合は完全に子宮口を覆っているわけではなく、ほんの一部が被っている低置胎盤だということ。妊娠30週目ぐらいまでは、胎盤の位置が移動することもあるので、それまでは様子を見るということになったという。そして30週目頃になっても低置胎盤の症状が認められるようであれば、C-section(cesarean section／帝王切開)になるらしい。できればそのオプションにならないことを祈った。ステファニーももちろんそうならないことを願っていたが、その理由は回復に時間がかかること、切開手術というはじめての経験でちょっと怖いということ、そしてもうひとつは「僕らに自然分娩での出産を見せたい」とのことだった。もちろん出産シーンは、人に見せびらかすものではないけれど、その生命が誕生するその瞬間の喜びは最高のことだから、と先輩ママは教えてくれた。そしてもちろん僕らもそれを願っていた。そして願って祈るしか方法はなかった。

step
(4)

妊娠後期 （妊娠29〜40週目）

気になる胎盤チェック

　ステファニーは妊娠後期にさしかかり、30週目を迎えていた。低置胎盤の疑いが発覚したのが21週目にあたるときで、その症状として痛みなどを伴わずとも性器出血があることもあり、その場合は主治医に連絡をとり判断を仰ぐこと、とステファニーは言われていた。しかし、ありがたいことにここまでそういった症状が出ることはなく、ミートボールは順調に育っているようだった。彼女が主治医に聞いたところによると、低置胎盤の場合でも自然分娩（経膣分娩）が可能な場合もあるが、予定日までの残り時間と合わせ主治医の超音波診断などの結果を基に、その判断をしていくということだった。そしてこの頃、再度胎盤の位置を検査するため、30週目に入ったその日にステファニーは検査を受けに行った。

　検査後、その当日に僕らはスカイプでステファニーと話し、検査の結果、前回とあまり変化がないということを聞いた。主治医によると、普通に分娩できる可能性もまだあるし、その可能性を残したいのであればぎりぎりまで待つこともできると。ただ帝王切開をするとなると、その多くの場合が予定日の3週間前頃までにする必要がある。もちろん胎児の発育具合もチェックしながらその時期を判断しなければならない。それも含め、予定日のちょうど5週間前に検査をしてそこで最終判断をし、帝王切開の必要があるという判断がなされれば、予定日から数えてちょうど3週間前の日に手術になるということだった。"37週0日を過ぎた赤ちゃんは体の機能や皮下脂肪が十分発達しているため、安心して母体から出て、外の環境に適応できる状態"だという[21]。ただ、お腹のミートボールはすくすくと順

---

　*21　https://192abc.com/21844

調に成長し、その胎盤の位置以外については全てが順調だということは、ひとまず僕ら3人ともが安心できる材料だった。

航空券は予約を変更できるタイプで

いまだ自然分娩になるか帝王切開になるかわからない状態であったが、どちらにしてもアメリカに行くための航空券やホテルは予約しないといけない。もちろん出産というのは予定日ぴったりに、陣痛が始まるわけではない。エージェンシーからは目安として、予定日の2週間ほど前には渡米し待機するのがベストだと言われていた。また、その航空券は予約した後も日程が自由に変更できるものにすることも大切なポイントだった。早めに生まれてくる場合もあるし、仮に間に合わなかったとしても、出生後24時間以内には赤ちゃんを抱けるようにとエージェンシーから言われていた。また、出生後は3週間ほどを目安に滞在する人が多いらしいが、それもパスポートの取得や法的手続きなどの進捗によって、延長する必要が出てくるかもしれない。ということで、往路はミートボールの出産予定日の約2週間前、復路は3週間後に当たる日に航空券をひとまず予約した。妊娠34週目の頃だった。

育休の計画とめまぐるしい毎日

ちなみにこのとき予約した航空券は、リカの実家のあるスウェーデンのルレオとステファニーの地元の空港を結ぶもの。当時住んでいたロンドンとの往復ではない。というのも、この頃までに僕らはふたりで育児休暇をとる計画を立てていた。子どもが生まれたらリカの実家のある北スウェーデンへ1年間滞在し、その後ロンドンへ戻るという計画だ。僕は自由業だったので、それぞれの仕事相手に事情を説明してまた1年後戻ってきたと

Step
4

き、良かったら使ってやってくださいと言うしかなかった。ただリカの勤めていた会社では当時最長１年間の育児休暇制度が保障されていて、それを利用することとしたのだ。目的はいくつかあった。僕ら自身が親として子どもとたっぷり時間を過ごせるということ。また（これは僕の勝手な予想なのだが）20年近く海外で暮らしてきたリカは、これを機にリカの両親と過ごす時間をつくり、彼らを喜ばせるためという思いもあったようだ。実際、リカの両親（特に母親）はこのニュースをとても喜んだ。また、生まれてくる子どもとの関係を証明するためのスウェーデン側の法的手続きをやりやすくするのも、大切な目的のひとつだった。

　そんなこともあって、この時期にはロンドンからルレオへ荷物を送ったり、ロンドンの住まいを引き払う準備などで忙しかった。出産前に済ませておかなければならない書類の準備なんかも引き続きこなしながらだった。とにかくめまぐるしい毎日。今、こうやって振り返ってみると驚くほどストレスになりそうな時期に見えるのだが、おそらくその当時はもうすぐミートボールに会えるという思いだけでアドレナリンが大量分泌、ストレスなんてあまり感じていなかったように思える。この頃は特に名前をどうしようか、という相談もよくしていた。性別がわかって以降、名前の候補はすっかり絞られてきていた。

見たかった、超音波写真

　この頃までに、実はひとつ気になることがあった。ステファニーとの定期的な連絡はずっとうまくいっていて、病院での検査があるたびに、その様子や情報をくまなくシェアしてくれていた。しかし、なぜだかあまり写真が送られてこない。もっとお腹の中の様子を撮った超音波写真が見られるものだと思っていた。検査に行くたびに超音波検査をしているとのことだったし、近頃じゃ３Ｄで立体的な顔の様子まで見られる検査もあるとい

うのを聞いたことがある。あの近代的で大きな総合病院だったらそんな設備だってあるだろうと勝手に思っていた。しかしステファニーがそういう超音波写真を送ってきたのは、移植のときのものと、性別がわかったときのもの、その2回だけだった。一度、最近の写真はないのかと、スカイプのときにたずねたこともあり「あとで送るね」と言われて、結局送られてこなかったこともあった。ちょうどこの時期は、彼女も仕事が忙しく、忘れたのかなぐらいに思ってそれ以上は聞かなかったが、なんでもすぐにシェアしてくれる彼女なだけに、そこだけぽかっと欠落しているような感触がしていた。でも、まぁ大切なのは生まれてきてからなんだから、と思いながらすぐに写真のことは忘れていった。

最終決定

　妊娠36週目に入った。そしてその日の検査の結果、胎盤の位置は変わらず、万が一のためを考え帝王切開で出産をするということになったと報告を受けた。自然分娩であれば、僕らふたりや、エリックも分娩室に入ることになっていたのだが、こうなると男3人は手術室に入ることはできない。また術後、ステファニーの入院も長くなるだろう。正直少し重い気持ちになったし、ステファニーも僕らに分娩の感動を味わってもらえないことを残念がっていたが、彼女は「これでいつ生まれるかハラハラしなくていいね」とポジティブに受け取ってくれていた。

　ミートボールの調子もいいらしく、新しい予定日は38週目に入ったその日。ということで、早速航空券の予約を変更することに。ステファニーとも相談して、手術日の2日前に渡米するように予約を変更。手術の前日から入院することになったが、それも夕方からでそれまでは自由がきくからと、その日は一緒に必要なものを買い物に行ったりしよう、と予定を立てた。先輩ママがついて教えてくれるとは、心強い。ステファニーもそれ

僕らの子どもに会いに行こう

Step
④

を楽しみにしてると言っていた。それに合わせて、すでに予約していた滞在先も、2週間分追加で予約しようとしたのだが、空きがないということで、違うホテルを予約した。

　そして翌週。新たな出産予定日の1週間前に当たる日には、病院の看護師と電話をして、帝王切開についての説明を受けたり、出産後の流れ、必要な持ち物、連絡先や滞在先などさまざまな打ち合わせをした。サロガシーによる出産ははじめてじゃないということで、とてもスムースで安心できる感じがした。着々とその日が近づいている。実感が高まってきた。

さよならロンドン

　ロンドンを発つ週がやってきた。ルレオに送る荷物を業者に引きとりにきてもらい、ヘアカットを済ませ、借りていたフラットを全部掃除し、鍵を大家さんに引き渡した。大家さんには、ことのなりゆきを説明していて、本来の契約よりちょっと早めではあるけれど、こころよく解約を承諾していただいていた。お世話になったコンシェルジュのお兄ちゃんにも挨拶をして、近所の行きつけのパブでしばらく食べられないだろうフィッシュ＆チップスを食べ、5年の間に出会ったロンドンの友達とも壮行会のようなパーティをしてもらい、いよいよそのときがやってきた。今度ここに戻ってくるのは1年後。3人になっているはずだ。使い慣れているヒースロー空港は、いつもと随分違う景色に見えた。そして僕らはロンドンを飛び立った。

　ただ先述した通り、航空券の関係で、一度ルレオに入らなければならない。2泊だけリカの実家にお世話になった。そして渡米前日の夜。リカのお母さんはご馳走をつくってくれた。野生のエルク（ヘラジカ）のローストだ。美味しいワインとローストエルクで、新たな門出のささやかなお祝いをした。そして翌日僕らは、ルレオからストックホルムを経由し大西洋を横断

しアメリカへと向かっていた。

サプライズ

　そして僕らはアメリカの空港へと降り立った。約4カ月ぶりの場所。一度きたことある空港だし、利用客が多い空港だということも予想していたので、入国審査の長い列なんかも落ち着いて書類を準備したりしながら待っていた。入国審査の順番が回ってきて、その渡航期間と渡航目的を聞かれたが、「約1カ月ほど、医療目的で」と言うと、「ok」と返事があり、そのままスタンプを押してもらって無事通過した。そうすると後は、荷物をピックアップするだけだ。そしてその後は、レンタカーも取りに行って……と考えていると、ズボンのポケットの中のスマホが動くのを感じた。さっきフライトモードを解除はしたが、そのときローミングはつながらず、どこにもアクセスできなかったはずなのに。とにかくスマホを取り出し画面を見ると、それはエリックからのSMSだった。

　「ステファニーが職場で出血が止まらなくなって、救急搬送された。今僕も病院に向かっているところだ。空港に着いたらすぐに連絡をください」

　それに続き、彼の電話番号が書かれていた。時間をみるともうこのテキストが送られてから数時間が経っているようだった。一気に血の気がひいていくのがわかった。すぐにそのままエリックに電話をしたが、電話はやっぱりつながらない。SMSも送れない。なんで、このテキストが受信できたのかはわからないが、とにかく今はこの電話は使えないらしい。滞在中のSIMカードは明日買いに行く予定だった。じゃ、空港のWi-Fi

僕らの子どもに会いに行こう

Step
4

はどうだ……。先にレンタカー取りに行っちゃったほうがいいかな。てか、まだ入国審査のエリア内。荷物もとってない。やっぱり一度エリックに連絡取らなきゃ。ふたりで冷静を保とうとしながらも、バタバタしている。はたから見たらそうは見えなかったかもしれないが、身体中の内側はすっかりパニックになってぐちゃぐちゃになっている感覚だった。

　とにかく空港を出なきゃ。まずは荷物をとって、そして到着ロビーへとようやく出ることができた。そしてそこに出たぐらいに、今度はボイスメッセージがあるという通知がなった。実は、なにをどうして電話をつないだか覚えていないのだが、どうにかして、そのメッセージを聞いたことは覚えている。

　「エリックです。ＳＭＳ読んだかな？ ふたりはまだ飛行機の中だろうけど……、とにかくさっき無事に生まれた。元気にしっかり泣いてたよ。あと、今はまだ麻酔で寝てるけどステフも無事だ。とにかく、電話がつながりしだい、連絡をください。じゃ」

　すっかり落ち着いたエリックの声を、リカと一緒にスピーカーホンで聞いていたのだが、なんだかふたりしてキョトンとしてしまった。喜び、安堵、でもまだ少し残る不安、そしてこの急展開の出来事になかなか思考がついていかない。かといって、じっとしているわけにもいかない。いろいろ頭の中が目まぐるしく動きながら、僕らはようやく口をひらいた。

　「生まれたって」
　「生まれたねぇ」
　「ステファニーも無事だって」
　「よかった」
　「うん、よかった」
　そんなことしか口にできない。そしてすぐにエリックに電話をかける。さっきのボイスメッセージの落ち着いた声よりも、すっかり明るく感じる声でエリックが出てくれた。

「はは、間に合わなかったねー。パパたちがこっちに向かっているのに気づいて、あわてて出てこようとしたのかな、せっかちなやつかもしれないよ」

なんて、軽いジョークから始まった彼の声を聞いて、リカも僕もさらにホッとした。エリックは「母子ともに健康で落ち着いた状態だから、あわてる必要はない。安全運転でゆっくりこっちに向かってくれればいい」と付け加えてくれた。おかげで僕らは落ち着いてレンタカーを取りに行き、車を走らせ空港を後にした。

初対面といきなり始まるパパライフ

息子くんとの初対面

空港を出た僕らはすぐにでも病院に駆けつけたい気持ちを抑えつつ、一度病院に行ったらいつ出られるかわからないというのもあり、チェックインと荷物をおろすためにホテルに向かった。そのとき、フロントで赤ちゃん用のクリブ(ベビーベッド)も用意してもらうようお願いしておいた。「さっき生まれたところで今から迎えに行くんです」とホテルのフロントに伝えると、「おめでとうございます」という言葉をかけていただいた。そしてチェックインを済ませ荷物を部屋に置いて、すぐさま病院へと駆けつけた。

落ち着こうと思っていても気が焦る。しかし、ホテルから病院は車で10分。あっという間に病院に到着し、産科病棟の駐車場に車を停め、中に入る。しかしあのナースステーションまでどうやって行けばいいのか、全く思い出せない。大きい総合病院が迷路のようになった瞬間だった。す

れ違う人を見つけては、行き方を聞く。そして鍵のかかったガラス戸の横にあるインターホンを押すと、中にいた看護師がドアを開けてくれた。

　ナースステーションの前まで行くと、ちょうど向こうからエリックが現れた。開口一番「おめでとう！」と声をかけてくれた。僕らは固い握手をして「ありがとう。きみがいてくれてほんとによかった。ありがとう」と答えた。エリックによると、生まれた僕らの赤ちゃんは新生児室にいて寝ているらしい。ステファニーは一度目を覚まして会話もできるが、麻酔とモルヒネなどで、眠って休んでいるらしい。そこへ看護師がきてお祝いの言葉を述べてから、僕らが泊まることになっていた部屋へ案内してくれた。「ステフがまた目を覚ましたら呼びに行くよ」と、エリックはステファニーの部屋へ戻っていった。

　病室へ入ると、新しく親になる人向けのいろんな情報が書いてある冊子と、テレビのリモコンを渡された。テレビには、オムツの替え方からミルクのあげ方、抱っこの仕方や睡眠のサイクルまでいろんな基本情報をまとめた動画が流されるらしい。看護師は「じゃ、今からあなたたちの赤ちゃんを呼びに行くから、それまでここでこういうの見てちょっと予習してて」と、部屋を出ていった。改めて時計を見ると午後10時を過ぎている。生まれたのは夕方5時前ということだったから、24時間以内ルールはいちおうクリアしたわけだ。そしてドアが開き、ミートボールはカートがついたベッドに乗ってやってきた。

　ちっちゃな手形のプリントがついた、白いネル生地にくるまれたちっちゃな赤ん坊は、すやすやとよく眠っている。これほど、「すやすや」という副詞がしっくりくる光景を見たことはなかった。自分でも驚いたのが、出会った瞬間に大きな感動を予想していたのだが、それが全くなかった。空港でドキドキし過ぎたのだろうか。口をつくのは「ちっちゃい」という言葉だけだ。看護師に「もう名前は決まっているの？」と聞かれ、僕らはもうすでに決めていた名前を伝えた。そして、その名前ではじめてこの赤ん坊に

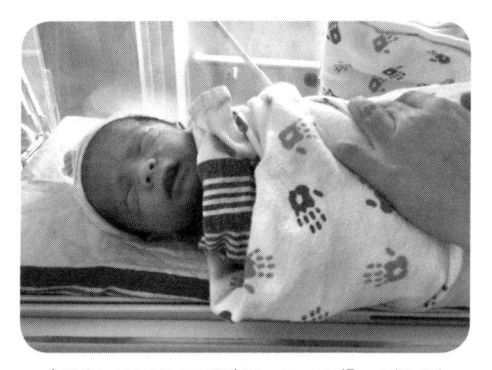

息子くんのはじめての写真はエリックが撮ってくれた！

呼びかけた。ミートボールがミートボールでなくなり、新しい名前を授けられた瞬間だった。

パパ講座は実地訓練で

　その息子くんを最初に抱いたのはリカだった。ぎこちないながらも顔はほころびっぱなしだった。続いて僕も抱く。感動とか嬉しいとか胸がいっぱいとか、いろんな言葉が頭に思い浮かぶが、どれもそのときの自分の気持ちを表現できない感じだった。ただただ、生命を感じる、それだけ。身体自体はとっても小さいのにその存在感だけは、その瞬間、世界中で一番大きいもののように感じていた。

　ひとしきり抱っこタイムが終わると、また彼をベッドに寝かせ、看護師がカートの下に用意してあったおむつと液体ミルクを取り出した。「おむつ替えたことある？」「ミルクはどう？」と聞いてきた。リカは両方ともノーで、僕は両方ともイェスだった。でも生後6時間の赤ちゃんはさすがにはじめてだ。簡単な説明を聞くだけで、どうやらこのまま僕らの育児は始まるらしい。僕は姪っ子や甥っ子の世話をしたこともあったからそんなに不安はなかったが、父親学級的なものがあったら良かったのに、と改めて思ったりもしていた。もうこうなれば実地でいくしかない。これから始ま

Step
④

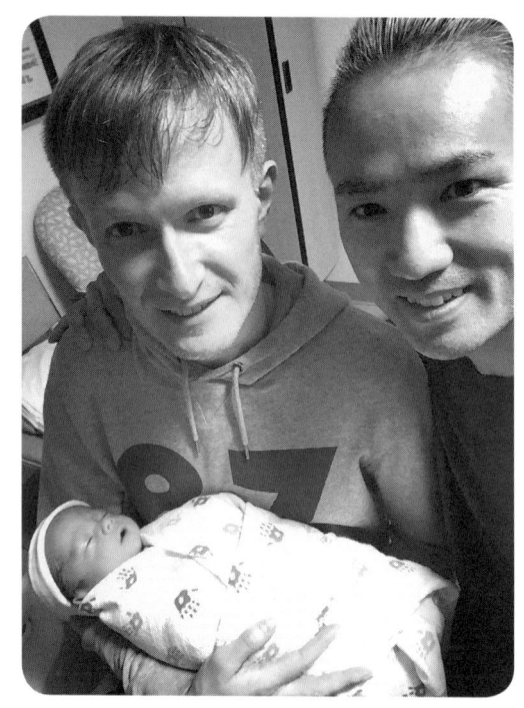

初親子3人写真

　るこの簡単な説明が、集中講座の実地訓練になりそうだ。

　ミルクははじめて見る液体ミルク。希釈などせず、キャップを取り専用の乳首を取り付けると、そのまま飲ませられるらしい。便利だ！　量はだいたい2時間おきを目安に20mlから始めること。口の周りに哺乳瓶の乳首を持っていって、口をあけて欲しがればあげて良し。最初はたくさん飲めないから、あげ過ぎないこと。そしてげっぷをさせるのを忘れない。おむつは一度目の前で交換してみて、看護師に1発オッケーをもらったのだが、そのか細い足を持ち上げるだけで、体全体が壊れてしまうんじゃないかという錯覚におちいるほどちっちゃい。

　そして次は、おくるみの練習。これは僕もはじめてやることだった。お腹の中にいた赤ん坊は狭い空間に体を折りたたんで過ごしていた。それが

おくるみだいぶ上手になりました。

急にこのだだっ広い空間に放り出されるわけで、そうなると不安になっちゃうらしい。この人間ブリトーみたいに見えるおくるみ、とっても大切なんだとここで学ぶ。さっきの白いネル生地の布を広げ、角を少しだけ三角に折り、その折ったところから頭が飛び出すように赤ん坊を布の対角線上に置く。そして着物の前を合わせるように右か左の角を折るようにくるんでいって、次は下の角、そして最後はもう片方の角をまた着物みたいにくるんでいく。最後のところはベッドとの間に押し込んで、ブリトー完成。巻くのに手間取っていると、息子くんは「ふにゃふにゃ」と言い出すが、一度くるんでしまうと、スイッチが入ったようにピタッと泣き止み、眠りに落ちるからおもしろい。おくるみのなにが難しかったかって、足のやり場。まっすぐじゃなくて、M字開脚してる状態のままくるんでいくこと。それが彼にとっては快適らしい。ひと通りその練習を見届けると「じゃ、頑張ってね。なにかあったらあそこのナースコールしてもらえばいいから」と看護師は出ていった。簡単講座終〜了。

　お？　そうか。これだけか。っていう感じで、急に取り残された感もあったけど、シーンと静まり返った病室の中、親子3人になれたことで急に実感が湧いてきた。そうだ、ここから僕らがこの子を育てていくんだ。

ステファニーと息子くんとの初対面

ステファニーの部屋へ

　2時間おきのミルク、そして新生児独特の緑がかった真っ黒のうんちがついたオムツの交換をする間も、僕らは写真を撮りまくっていた。最初は緊張しながら抱きかかえていたリカも「そろそろミルクが飲みたい頃かなぁ？」なんて語りかけていた。さすがにそれは赤ちゃん言葉ではなかったが、それまで聞いたことのないような声のトーンだった。息子くんと3人の時間はあっという間に過ぎて行く。気がつくと窓の外が明るくなっている。朝がきたようだ。ちょうどその頃、僕らの部屋のドアがノックされ、入ってきたのはエリック。ステファニーが目を覚まして、いい感じらしい。「会いに行ってもいいかな」と聞くと、エリックは「もちろん」と答えた。

　息子くんを抱き、ステファニーの部屋へと入っていった。彼女はベッドのリクライニングを少し上げた状態で寝ていた。腕には点滴のチューブがついていたし、鼻にもなにかチューブがついている。その姿を見ると、こみ上げるものがあったが、さりげなく深呼吸をして息を整えた。「Hi」と声をかけると、ちょっとだけかすれた声で「彼、待てなかったみたいね」と答えた彼女。みんなで軽く笑った。「気分はどう？」と聞くと、「いいボタンがあるの、これ押すと途端に気分が良くなるのよ」とモルヒネが一定量出るように設定されている、ボタンを見せてくれた。「抱いてもいい？」と聞かれ、「もちろん」と答えた。チューブなどがついていない右腕を広げたステファニーのところに、寝ている息子くんをそっと置く。「ヘイ、バディ。やっと会えたね」といいながら、息子くんのほっぺをなでた。「名前はなんていうの？　もうミートボールとは呼ばないんでしょ？」と冗談めか

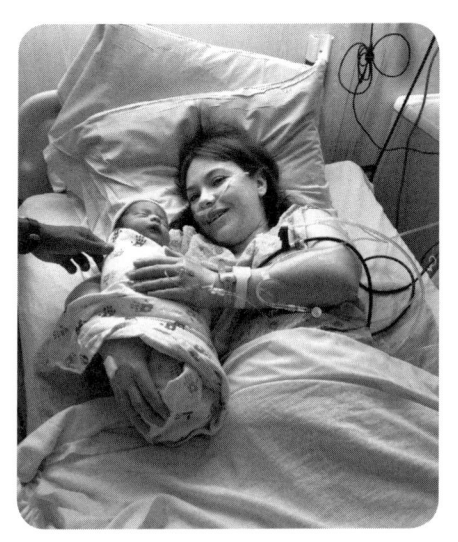

はじめてステファニーに息子くんを抱いてもらったとき

しながら聞く彼女に、僕らが決めた名前を伝えると、その名前を呼びなが
らまた息子くんになにやら話しかけている。その彼女のあたたかく優しい
語り口を聞いていると、この8カ月間、とても大事に、大事に息子くんを
育ててくれていたんだということがわかって、嬉しい気持ちとこれ以上な
い感謝の気持ちでいっぱいになった。

ありがとう、という言葉

　ただ、その気持ちがいっぱいになればなるほど、「ありがとう」という言
葉を伝えるのに妙な躊躇があったのを覚えている。たぶんそれにはふたつ
の理由があったように思う。ひとつは、サロガシーで僕らの子どもを産ん
でもらったという、この状況があまりにも特異だったせいもあるだろう。
非現実的とでも言うのだろうか。この日のために4年近く話し合ったり準
備していたというのに、この状況自体が現実であるということが信じられ
なくて、フィクションの映画のワンシーンにでも自分が置かれているよう

だった。それでいてサロガシーで子どもを産んでもらって代理母さんと対面するシーンなんて、ドラマでも映画でも見たことがない。この状況で「ありがとう」と言うタイミングはどこなんだろう。それを考えあぐねている自分を妙に俯瞰して、変な気持ちになった。

　そしてふたつ目の理由は、どんなに心を込めて「ありがとう」を言っても、その言葉だけではそのとき僕が抱いていた感謝の気持ちを全く表しきれない気がしていたこと。息子くんを抱くステファニーを見ながら、これから僕らがこの子を連れて帰るというくるべき事実を思ったとき、「ありがとう」だけでは言い表せない気がした。他に適切な言葉が見つからないのだが、大きな畏怖の念に近いのかもしれない。そんなことが頭を巡り、タイミングを見計らっていたのだが、ベストなタイミングが見つからなかった。そしてみんなの会話がふと途切れたときに、なんの脈絡もなく「Just wanna say, thank you」とうわずった声で僕が言うと、ステファニーは「Don't mention it.」と言って笑った。その後、あまり長くなるとステファニーが疲れてしまうということで、「また後で」と言って僕らは部屋を出た。

翌日の退院

　ステファニーとの面会を終えると、リカと息子くんを残し、僕はホテルへと車を走らせていた。車のチャイルドシートをとりに戻るところだ。アメリカでは生まれたばかりの子どもが退院する前には、チャイルドシートに乗せる検査があり、それをクリアしないと退院ができない。チャイルドシートに座らせた状態で、ちゃんと呼吸ができているかや、心拍に影響を及ぼさないかなどの数値をチェックするのだ。そのことは聞いていたのだ

アーモンドの花が満開の季節

が、昨晩はなにしろ慌てて出てきたので、ホテルに忘れてきてしまったのだ。なにも食べていなかったこともあり、僕はホテルで朝食を済ませ、また病院へと向かって行った。

　その道中ふと気づいた。このアメリカで朝を迎えたということは、出発したスウェーデン時間で言えば、すっかりお昼過ぎになっているはずだ。つまり、出発の日の朝、目覚めてからすでに30時間以上が経っていた。飛行機の中では全く眠くなかったし、子どもが生まれているとも知らず寝ておくということもなかった。でも到着してからのあまりの展開の早さに、それをすっかり忘れてしまっていたし、実際、眠くなかった。運転しながら穏やかな興奮がずっと続いているような感覚がしていた。たまたま踏切につかまって、思いの外長く足止めをくらったが、イライラもせず、その時間すら楽しいことのように感じていた。空は澄み切った青空だし、沿道に立ち並ぶ樹々は満開の花を咲かせていた。最初は桜が満開になっていると思ったほどだったが、どうやらアーモンドの花らしい。最高の季節に迎えられて息子くんは生まれてきた。それを記念にアーモンドという名前にすればよかったかな、なんて馬鹿げたことを考えていた。とにかく、見るもの全てが輝いていたし、心が完全に満たされたままずっと車を運転していった。

僕らの子どもに会いに行こう

病院へ戻ると、リカはなにか食べさせてもらったみたいだった。その日はまたいろいろな検査があり、問題がなければ、息子くんはその日のうちに退院できるということだった。小児科医の先生が部屋にきてくれて、股関節の動きをチェックしたりしてくれた。例のチャイルドシートの検査は、別室で行うということだ。チャイルドシートに寝かせベルトをつけると、看護師がどこかへ連れて行った。僕とリカは、その合間ベッドに一緒に横たわり、短い仮眠をとった。体を横にした瞬間にスイッチがオフになったかのように眠りにつき、その次の瞬間には、戻ってきた看護師がドアをノックする音で、パッと目が覚めたという感じだった。それでも一気に深い眠りについたのか、ずいぶんすっきりした気がした。その後も、息子くんのお世話をしながらも、出生証明書を発行してもらうための書類にサインをしたり、退院後の新生児検査をどのタイミングで行うか、どこの病院で行うかなどの説明を受けたりして、退院への準備を進めていた。

　そんな中、午後にはステファニーの家族がお見舞いに訪れた。エリックが僕らの部屋に呼びにきてくれて、彼女の部屋に行くと、そこにはステファニーのお父さん、そして妹とその子どもがいた。ステファニーも朝よりもずいぶん元気そうで、リクライニングの状態だったところから、ベッドの上でほぼ座位の状態にまで起き上がれるようになっていた。話す声も、それまでと同じような元気な声だ。はじめましての挨拶も早々に済ませ、ステファニーが産んでくれた僕らの息子くんを紹介した。「おめでとう」のお祝いの言葉とともに、メッセージが書かれたカードと、カエルのぬいぐるみをお祝いにいただいた（ちなみに、ステファニーのお父さんの名前が「ジョー」だったので、このカエルは「グローダン・ジョー」（グローダンはスウェーデン語でカエル）と名付けられ、今でも息子くんのお気に入りだ）。ステファニーの妹は、息子くんを見て「かわいい」を連発。「私も代理母やろうかな」と言ったのだが、すかさずステファニーが「たくさんの責任があるものなのよ。あなたには無理だと思うけど」と笑いながらすぐにツッコミを入れていた。息子くん

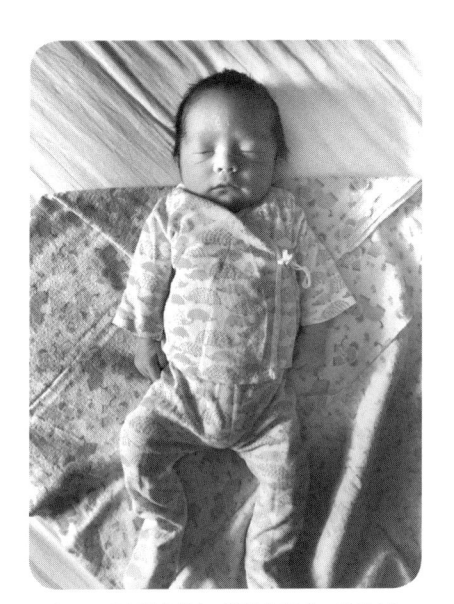

リカのお下がりを着た、退院するときの息子くん

　はみんなに抱っこしてもらっている間も、おとなしくすやすやと眠り続けていた。

　そして夕方。看護師が、もう帰宅してもいいという許可が出ました、と僕らの部屋に伝えにきてくれた。僕らはスウェーデンから持参していた産着をカバンから取り出した。柔らかい綿の生地にかわいいハリネズミのプリントがついたもの。上下に分かれていて、ズボンのほうはつま先まですっぽり覆えるようにつながっている。上は着物の合わせのようになっているので、とても着せやすい。この産着、40年近く前にリカが生まれたとき、リカのお母さんが自ら縫い、リカが退院するときに着せて帰ったという産着。リカのお母さんはそれをずっと大切にとっておいたらしく、それをこの僕らの旅に持たせてくれたのだ。その産着を息子くんに着せてからチャイルドシートに乗せた。そして荷物をまとめた僕らは、ステファニーの部屋へと向かった。

　ステファニーはまだ退院までには時間がかかりそうだということだった

が、体力の回復次第でその日を決めるという。帝王切開でなければステフ
ァニーも一緒に退院できたかもしれなかったこともあり、彼女を残し先に
退院するのは忍びなかったが、エリックが仕事を休み彼女についていてく
れるというのが、本当に心強かった。そして僕らはまだアメリカに1カ月
ほどいるのだ。「じゃ、また連絡するね」とお互いに言い合って、僕らは病
室を出た。外に出ると車にチャイルドシートを設置して、病院を後にした。
リカと僕と息子くん。3人の生活が始まった。

産後期①

新生児検診

　息子くんは生まれた総合病院を退院した後も、計3回の新生児検診を受
けた。その総合病院のすぐ向かいにある小さな小児科医で行われるという
ことだった。1回目は生まれてから3日後。2回目は2週間後。そして3回
目は1カ月検診。身長や体重などの身体測定や、親になった僕らへの問診
などがあったのだが、血液検査のとき息子くんは大泣きした。かかとに小
さな針をさしそこから出てくる少量の血液を採取するというものだったの
だが、そのときばかりは、ふだんあまり大きく泣かない息子くんも、いか
にも赤ちゃんらしい大きな泣き声をあげ、「そんなに大きな声出るのね、
きみも」と思わずにはいられなかった。かわいそうと思いながら、その元
気な泣き声を聞けることが、とても嬉しかった。

最初のホテルで撮ってもらった写真

アメリカでの滞在場所

　ホテルへ戻りエントランスを入ると、マネージャーの女性に声をかけられた。「病院から戻られたんですね。おめでとうございます。もしよかったら赤ちゃんにご挨拶させてもらってもいい？」とリカが持っていたチャイルドシートのほうをちらりと見て尋ねた。僕らが快諾すると、彼女は部下の男性になにかを合図し、その男性が大きな袋を持ってきた。「これうちの従業員から、お祝いの気持ちです」と寄せ書きされたカードと、ぬいぐるみや毛布など、たくさんのプレゼントが入っていた。お礼を言って部屋に戻った。

　僕らは部屋に戻り息子くんをクリブに寝かせると、ようやく一息ついた。小さなキッチンがついていて、ベッドルームとリビングルームが分かれているこの部屋は、とても快適だった。滞在中自分たちでご飯をつくること

もできたし、息子くんのミルクの用意をするのも問題なかった。しかし、このホテルは、早まった予定日の影響で10日間だけ追加で予約した滞在場所。もともと予約していたところに移動する日がやってきた。

　その場所というのが、airbnb(貸し出し中の宿泊施設紹介サイト)で予約したところ。若い女性がホストしているところだったが、状況を説明し赤ん坊連れでも大丈夫だということで、予約をしていた。2階建ての大きな一軒家で、2階部分には彼女の母親が、彼女自身は1階部分にふたつある寝室とリビングルームに住んでいる。しかし彼女は仕事でほとんど家に帰ることがないので、その1階部分全体を貸し出しているとのことだった。階上に住む母親も仕事があって、家には寝に帰る程度だから、リラックスして滞在してもらえる、ということだった。その滞在中には、リカの両親もきてくれるということが決まっていたので、寝室がふたつあるところが借りられるというのはとても魅力的だった。それでいて1泊あたりの料金はホテルの半額以下。追加で予約した10日間のホテル代と、約1カ月間のairbnb代は同じぐらいの値段だったから、いい節約ができたと思う。

　その初日、僕らが家へ着くと、ホストの母親が待ってましたと言わんばかりの勢いで飛び出てきた。そして僕らの到着と息子くんの誕生を大きなアクションを交え喜び、迎え入れてくれた。そしてここでもプレゼントを用意してくださっていた。部屋の中を案内してもらい、「キッチンもいつでも自由に使っていい」、「冷蔵庫はゲスト専用のものがあるからそこを使っていい」、「娘はこの時期、連絡がとりにくいから私にいつでも連絡してくれればいい」と、元気な彼女はとても親切で、いいスタートだった。

　滞在中はほとんど自分たちで料理もできたし、天気のいい日には庭の芝生に出て、外の風にあたることもできた。しかし、生後2週間程の子どもを連れて、ホスト側の生活スタイルに合わせなければいけないことも多く、大変なこともあった。もし次回こういう機会があったとしたら、airbnbは気をつけなきゃね。そんなことをリカと話していた。

強力な助っ人

　息子くんが生まれてから約3週間後のこと。リカの両親がアメリカまでやってきてくれた。はじめての育児、そしてなれない国での毎日、少しでも手を貸すことができたら、というのが大きな理由だったが、早く会いたくてたまらないという雰囲気はひしひしと感じていた。そして滞在中、ヘルプやアドバイスを受けられたことは大きかったが、それ以上に一緒にアメリカでの時間を過ごし、たくさんの思い出を一緒につくることができたのは、義理の息子である僕にとってもとても良かったことだった気がする。ある日はお母さんが見ていてくれるからと、僕らふたりは歩いていける映画館に行ったり、外にご飯を食べに行かせてもらったりもした。お母さんは、あまり感情を表に出すタイプではないのだけれど、「いってらっしゃい」と言いながらも、息子くんと過ごす時間がとても至福な時間だったろうことは、その表情を見てとれた。

育児は完全シフト制

　そんなふうにして、助けを得ながら進める育児だったが、メインは僕らふたりでやっていくものだ。息子くんは最初のうちから本当によく寝てくれる子で、最初の頃は2〜3時間おきを目安にミルクをあげようとしていたのに、なかなか起きてくれない。哺乳瓶の乳首を何度も口のあたりにちょんちょんと当てるのも、何回もやる必要すらあった。そんなふうにして夜中もずっと時間をチェックしてはお世話をしていく。ふだんから、僕らの家事分担はできるほうがやるというスタンスであったのだが、その感じは育児の分担方法にも表れることとなった。

　僕は基本夜型人間で、夜更かしが好きなタイプ。そしてリカは朝早く起きて、すぐ行動できるタイプ。ということで、夜はリカが早くベッドに行

僕らの子どもに会いに行こう

step
4

って寝てしまい、僕は夜の2時頃まで起きていて息子くんの世話をしてから寝る。そして翌朝は息子くんがお腹が空いて泣くのを合図にリカが早くに起き世話をする。僕は朝遅く起きてくる。これでお互い7時間ほどはしっかりと睡眠をとることができた。完全シフト制。なので、何時にどれだけの量のミルクを飲んだとか、オムツを替えておしっこだけだったとかウンチもしたとか、そういう記録を小さなノートにつけて、情報を共有していた。そのノートは、息子くんの検診の際、ドクターにその様子を伝えるのにも役に立った。そしてたまにお母さんにお任せするときも、いい感じで引き継ぎができた。自分たちで母乳をあげられるものだったらあげたいものだったが、出ないものはしょうがない。でもおかげで、お互いが無理なく育児のスタートラインにともに立ち、同じペースでやっていけるようになったのは、良かったと思っている。

書類関係

　息子くんが生まれてから、滞在期間中にさまざまな書類の準備をしなければならなかった。一番はじめは出生証明書を取りに行くこと。日本のように役所に出生届を出すという感じではなく、病院が役所へ直接書類を提出し、1週間ほどでそのチェックが行われ、問題なければ後日親がそれを取りに行くという流れだ。その出生証明書を基に、アメリカのパスポートを取得したり、その他法的手続きをしていった。パスポート自体は申し込みをしてから4日で発行されて、その早さに驚いた。

　この時期の法的手続きは、親権に関する手続きであったり、国籍に関わるようなものが多く、子どもが生まれた州の法律や、どちらが生物学的親になるのかなどによってずいぶんその流れが変わってくる。ここではあまり具体的に書くことができないのが残念だが、予定していた全ての書類関係の作業は、エージェンシーの担当者や地元の弁護士などのアドバイスを

受け、全て計画通りに済ませることができた。

産後期② ステファニーと過ごす時間

　息子くんが生まれてから1カ月あまりの時間を、アメリカで過ごすこととなった。それは息子くんのメディカルチェックや法的手続きなど、やらなければならないことをする時間でもあったが、それらと同じぐらい大切なことと言えば、ステファニーと過ごす時間だった。時間をかけ自らのお腹の中で育てた僕らの赤ちゃんと、少しずつお別れの準備をする時間。そうエージェンシーからは聞いていたし、ステファニーもそう聞いていたんだろう。生まれた直後から、地元のことをよく知る彼女はいろんな計画をもちかけてくれていた。これもきっと代理母やIPの性格によっても違うのだろうが、僕らの場合はわりと多くの時間をともに過ごすことができたのではと思っている。

　帝王切開による出産となったステファニーではあるが、体力の回復も順調で5日後には退院した。そしてその翌日にはエリックとふたりで、滞在していたホテルに遊びにもきてくれた。「まだちょっと歩きにくさとか、傷口の痛みはあるけれど」と言いながらも、すっかり元気になった様子のステファニーの姿を見て本当に安心した。息子くんを抱いてもらいながら、いろんな話もした。そしていつも隣でサポートしてくれているエリックの存在にも、ありがたいと思うばかりだった。

　ところでこの訪問の数日前から、ステファニーは搾乳をしてくれていた。「まだあまり出にくいんだけど」と言いながら、病院から貸し出されたポンプを使い、搾った母乳を届けてくれた。1回分の量にも満たない量ではあ

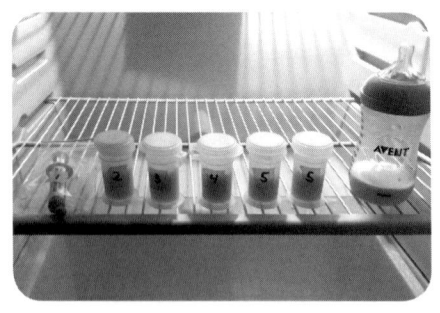

アメリカ滞在時、ステファニーが搾乳してくれた母乳

ったが、赤ん坊の栄養源である母乳。小さなボトルに入れられた母乳は時間ごとにラベルを貼り冷蔵庫に保管し、メインの粉ミルクに混ぜながら、息子くんに飲ませていた。最初のうちは出にくかったという母乳も、友達に勧められた自然食品のサプリを飲み始めたら、「すごい出るようになった」と言っていた。彼女は常に自分のできるベストを尽くす人なんだと、改めて感じるエピソードだった。

　ある日は、彼女の職場へも案内してくれた。まだ産休中ではあったのだが、息子くんを連れて彼女の職場へ行くと、同僚や上司たちが一斉に出てきて息子くんをとりかこむ。きっと息子くんは彼らの声に聞き覚えがあるのかもしれない。目をあけてきょろきょろしていた。そしてコーヒーでもどうぞと誘われ、休憩室に入っていった。ちょうどその場所は、あの出血が始まった場所だったらしく、お茶をしながらそのときの様子の話になった。

　それは遅めのランチを終えて、同僚たちと歓談していたときだったという。痛みや違和感などなんの前触れもなく、突然出血は始まったという。低置胎盤のこともあり、少しの出血でも病院に連絡するようにと言われていたステファニーだったが、そのときには直感で、このまま息子くんが出てくるとわかったらしい。すぐに同僚に救急車を呼んでもらい自分はエリックに連絡。エリックは病院のドクターに連絡をとり自分も病院に向かってくれることを確認した。救急隊員たちはステファニーのよく知る地元の人たちだったようで、とても安心したそうだ。出血の状況と産む予定の病

院の名前を告げ、その病院まで搬送してもらった。そして、緊急の帝王切開となり、息子くんが生まれてきたというわけだ。

そのときの話をして、同僚たちも「いやー、あれはびっくりしたわ」と口々に笑顔で話している。こうやって笑って話せるのも、ステファニーも息子くんも無事だったから。そのこと自体と、それを助けてくれたたくさんの人たちのおかげで今があり、こうやって息子くんの元気な姿を見せられるということは、本当にありがたいことだった。

そしてステファニーの体調が元通りになるのに合わせ、いろいろとお出かけもした。科学博物館や動物園に一緒にいった。もちろん息子くんも一緒にだ。リカの両親がきてからも、彼女と一緒に過ごす時間を設けていた。一緒にご飯を食べに行ったり、家に招いてもらったりした。そんな時間を過ごしているとお別れのための準備期間、というよりも家族になっていく感覚だった。

またある日は、ステファニーの家にお呼ばれしご飯をごちそうになった。寝ている息子くんを、ステファニーの子どものマッディやジャックも抱っこしてくれて、一緒に記念撮影もした。ふたりとも自分よりもずっとちっちゃい赤ん坊を抱っこすると、自然と笑顔になってずっと見つめている。ジャックは抱っこをしているとき、こんなことを言った。「この子は……ママから生まれてきたけど……僕らときょうだい、ではないんだよねぇ？じゃ、なんて呼べばいいのかな」。みんなで、「そういえばそうだね、なんて言うんだろうこういうとき？」って言いながら落ち着いたのが、「家族、でいいんじゃない？」ってことだった。

サロガシーのケースの中には、産んでもらった後は連絡をとりあわないことを合意するケースもあるらしい。しかし、僕らの場合はその後も、なにかあればいつでも連絡をとりあおう、ということになっていた。クリスマスにカードを送り合うとか、誕生日のお祝いのメールをするとかの程度

僕らの子どもに会いに行こう

step
4

ステファニー退院直後

にはなるだろう。それは遠くに住んでいる、親戚や家族のような感覚に近いものになるのかな、という予想はしていた。

　後日談にはなるが、あれから3年経った今、そのときに予想していたかたちで今もステファニーたちと連絡をとっている。先日息子くんの3歳の誕生日に合わせスカイプをしたときも、なにかの折に彼女の口から「わたしたちはもう家族なんだから」という言葉が出たことは、本当に嬉しかった。そう思えるようになった彼女と知り合えたこと、そして愛をもって息子くんを守り育ててくれたのがステファニーであったことは、リカと僕にとってはとてもラッキーなことだった。

　この産後の1カ月、ステファニーが息子くんとのお別れを準備する期間ではあったのだが、それはお別れの準備というよりも、生まれてきた生命がつないでくれた、新しい僕らの関係性のスタートになった。そんな気がしている。ただ、それと同時に彼女が息子くんと別れることに辛い思いも

あるだろう、と感じることもあった。それはもちろんそうだろう。だから、これ以上接していて、彼女の中の愛情が湧き過ぎてしまったらどうしよう、という気持ちがなかったわけではない。ステファニーと過ごす時間がとても貴重で楽しいぶん、複雑な思いが胸のうちに宿り始めていたのも、正直なところだ。

アメリカ最後の夜

　そして僕らはアメリカを発つ日を決めた。さまざまな書類関係の手続きが済んだことでいつでもスウェーデンに飛び立つ準備ができていた。予約していた飛行機はいつでも日時が変更できるタイプのものだったので、その日をいつにしようと、相談していたのだが、ちょうどリカの両親が帰るのに合わせて、一緒のフライトを取ろうということになった。たくさんのプレゼントや、こっちで買ったベビー用品。そしてなにより今度は息子くんが一緒だ。リカの両親が一緒に飛んでくれれば心強いこと間違いない。そうして、僕らはエージェンシーやステファニーにスウェーデンに帰る日を伝えていった。

　そしてフライトの前日、ステファニーが家に招いてくれて、一緒に食事をしようということになった。それはちょうどリカの誕生日でもあった。彼女の家に着くと、エリックと子どもたちもいて、夕食の準備をしてくれていた。手づくりの極厚ハンバーグを、外のグリルでバーベキューしてくれるらしい。息子くんはあいかわらずおとなしく寝ていたが、その間に僕らは子どもたちと遊んだりして時間を過ごす。そしてご飯のときは、ステファニーも含めみんなで息子くんを交代で抱き、美味しい食事とワインを

僕らの子どもに会いに行こう

Step
4

235

いただいた。そして、食後にはリカの誕生日ケーキまで用意してもらって、みんなでそれをデザートに食べた。「明日のフライトは……」とか「スウェーデンに帰ったら……」とかいう話をしながらも、これが彼らと過ごす最後の日だとは信じられないぐらい、それまでと変わらないような雰囲気だった。

しかし、時間というものは待ってくれない。そろそろお暇（いとま）しなくちゃいけない時間がやってきた。僕らはカバンの中から、ステファニーに用意しておいたプレゼントをふたつ出した。ひとつはリカの妹、マリーからのもの。彼女はステファニーにひとつのプレゼントを用意し、僕らはそれを渡すよう託されていたのだ。それはオープンハートのネックレスとそれに合わせたブレスレット。ステファニーはその箱を開け、早速エリックにつけてもらっていた。マリーは僕らとともに、家族一同として、喜びと謝意を伝えたかったらしい。

そして続けて僕らからのプレゼントも渡した。小さな箱に入れて渡したそれは、僕らが折った千羽鶴。妊娠が確認されて以降、少しずつ時間を見つけて折った、小さなサイズのもの。非科学的なジンクスではありながらも、妊娠期間中と、出産、そして産後の順調な回復を祈って折ったもの。そんな千羽鶴の意味合いを伝えながら、メッセージカードとともに渡した。ステファニーがしてくれたことの大変さには及ばないし、そんなに豪華なものではない。だけど、なにか自分たちの手でつくったものを手渡したかったのだ。ステファニーは喜んでくれた（と思う）。

すると、ステファニーが「実はわたしも渡したいものがあるの」と言って、2階へと上がっていく。それはふたつのものだった。ひとつはシルバーの飛行機のかたちをしたオルゴール。「きらきら星」が流れるものだ。そして、もうひとつは黒い表紙の分厚いアルバムだった。

それは、このサロガシーの旅をはじめから記録したものだった。表紙を開くと、彼女とその家族の自己紹介から始まり、なぜ代理母になろうと思

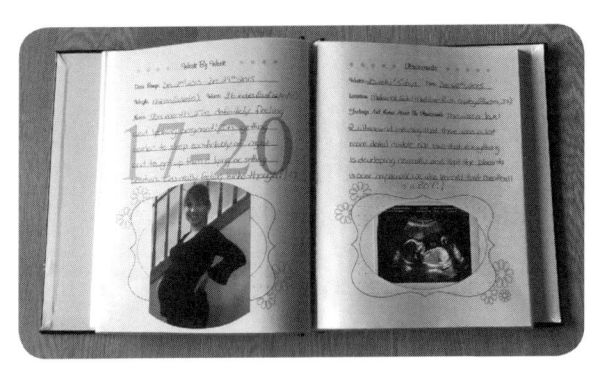

ステファニーから贈られた日記

ったのか、そしてどうやってそれを始めたのか。僕らとマッチングした経緯や、僕らの第一印象。卵子提供者についても書かれていた。また僕らがともに過ごした時間として、10月に僕らがここにきたときの様子の写真が貼られていたりもした。ＩＶＦのプロセスや、胚の移植の日のこと。妊娠中の様子は、いつ胎動を感じたとか、お腹をキックしたのがいつ頃だったかなども記録されていた。またお腹が大きくなる様子も、その妊娠週の様子の記録とあわせて彼女を横から撮った写真が貼られ、見てとれるようだった。また超音波検査のときの写真も計6回分貼られていた。それは出産時に向けて時系列に綴じられ、出産の様子も書かれていた。そして出産を終えたそのときの気持ち、そしてこのサロガシーの旅を振り返っての感想、そして産後に僕らと過ごした思い出の写真もたくさん貼られていた。僕らはもう驚いて声も出ない。ステファニーはそんな僕らをよそにこんなことを言っていた。

　「サロガシーについて調べているときに、ちょうどネットでこのアルバムが売られているのを知ってね。このアルバムは代理母をする人がその記録をしやすいようにって、全ての台紙にそういったテーマがテンプレートとして用意されていて、書き込むだけで良かったし、とってもクールでしょ。だから妊娠がわかったときにすぐポチッとクリックしてオーダーしたの。喜んでくれるといいんだけど」

僕らは「もちろん！」と答えた。もう本当に泣きそうなぐらい感動して嬉しかった。それと同時に気づいたことがあった。そうか、だからこれまでの妊娠中、超音波写真やお腹の様子なんかを送ってこなかったんだ。このアルバムをつくって、まさにこの日にサプライズで渡すために！　そういえば、はじめて彼女に会いにきたときも、彼女はちっちゃなサプライズをホテルの部屋に用意していてくれた。なんだかそういったそれまでの過程が、このアルバムとともにまさに走馬灯のようにかけ巡っていった。その記憶の中の彼女は、いつも彼女らしく、そして全てが優しさに溢れるようだった。

アルバムの終わりがけ頃には、「赤ちゃんへの手紙」というページもあった。そこには生まれてきた、僕らの息子くんへの手紙が、簡潔にしたためられていた。いったんそのまま読みかけたのだが、これをその場で全部読んでしまったら、こらえている涙腺が完全に崩壊しそうだった。湿っぽくなるのはいやだったので、そこでアルバムをそっと閉じた。リカと僕は交代でステファニーにハグをした。そして息子くんを中心においた集合写真を撮った。ちなみにそのアルバムには最後の数ページに余白が残されていて、僕ら親になる者が書き込みをできるページがあった。その写真はそこに貼ろう。そう決めた。

そうして、僕らは後ろ髪をひかれつつ、彼女の家を去った。意外とそのときは、それまでと同じような雰囲気で「またね」と言って。

ゲイカップル、子育てを始める

翌日の飛行機の時間は夕方だったこともあり、ゆっくりと荷造りをし

スウェーデンへ向かう飛行機の中

　て、近くの公園でピクニックをした。最後にアメリカっぽいものを食べよ
うと、ステーキが美味しいお店へ行き、腹ごしらえをしてから、空港へと
向かった。たくさんの荷物がありながらも、4人で手分けをしながらチェ
ックインを済ませていく。ちょうど息子くんはその頃ミルクの時間だった
こともあり、リカのお父さんにミルクを飲ませるのを任せ、他の3人はチ
ェックインし、みんなが1列に座れるように座席を指定。予約はしてあっ
たものの、子どもを寝かせるためのバシネット（壁にとりつけるベビーベッド）
を借りられるかの確認もした。そしてセキュリティも無事に進み、搭乗ゲ
ートまできた。「小さなお子様がいるご家族の方は、どうぞ先にご搭乗く
ださい」という案内を聞き、僕らは飛行機へと乗り込む。小さなお子様が
いる家庭になったんだ、と妙に実感を深めたりしていた。
　飛行機に乗り込むと、その座席はエコノミーエリアの一番前の席。ここ
は子ども用のバシネットが目の前の壁に取り付けられる席で、それはすで
に用意されていた。手で押してみるととてもしっかりついている。離陸の
際は手で抱っこしていないといけないらしいが、ちょうど僕らは友人から

液体ミルク、めちゃ便利だった

のお下がりでもらった、狭い機内で広げやすく膝の上に乗せて使うベビーシートをもってきていた。ベビー用シートベルトを通せる隙間があり膝に固定できるもの。これを離陸の際は使った。離着陸の際の気圧の変化があるとき、子どもは耳が痛くなることがあっても自分で治せないので、離陸に合わせミルクを用意。なにかを飲んでいると自然と耳の中の圧力が調整されるらしい。

　滑走路を走り始めたぐらいからミルクを飲ませて、無事離陸、空の旅が始まった。大人の食事のときはみんなで交代で息子くんを抱っこしあい、食事をとった。トイレの中にはおむつ交換台があり、そこでおむつを変えるのだが、とてつもなく狭いのでなかなか手間取った。そして手間取っている間に、おしっこをされ自分のシャツが濡れるというハプニングもあった。しかし、そんなことですらなんだか幸せに感じてしまう。そして、ミルクやオムツの交換が終わると、息子くんを毛布にくるみバシネットに寝かすこともできた。思っていたよりも全然大変じゃない空の旅。機内は就寝モードなのか暗くなり、なんだかほっとしたのか僕も眠くなってきた。

目をつぶると飛行機のエンジンの音しか聞こえない。すると４年前の会話がふと蘇ってきた。

「ね、みっつんは、子ども欲しい？」

そうだった。あのときも、僕らは飛行機に乗って空の上にいたんだった。あのときはまだまだリアリティのある話じゃなかった。ゲイである自分が親になるなんて、想像できない世界だった。しかし隣にはリカがいて、僕らの息子くんを膝の上で抱っこして座っている。このサロガシーの旅の間、この様子が現実となるように準備をしてきたわけで、それが現実のものとなったのに、その目の前の現実はまだまだ非現実的な光景だったりもすることに、脳が戸惑ったりしている感じがする。

「そろそろできるかもねー」

と、あのとき冗談めかして答えた僕の言葉は、現実のものとなった。言霊というものがあるんだとしたら、この僕らのサロガシーの旅ではそれが大きな意味をもった。

僕らとステファニーが一緒に歩いたサロガシーの旅は、僕らがスウェーデンの家に着いたところで終わりを迎えることになる。しかし、本当の意味ではまだ終わりとは言えない。このサロガシーの旅はきっかけに過ぎない。ステファニーや卵子提供者、そしてたくさんの人に助けられ、そして愛をもって支えていただいたことで生まれたその小さな生命。この目の前にいる息子くんを、その人たちの思いも胸にしっかりと育てていくことが僕らのこれからの役目だ。

男同士のカップルで始める子育て。不安がないわけではない。しかし、

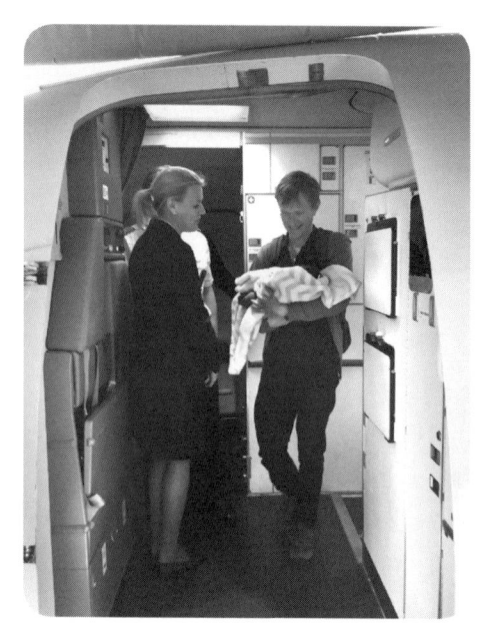

スウェーデン到着

　僕らは今自分たちにできることを、ひとつひとつこなしていくだけだ。目の前ですやすやと眠りにつく息子くんを見ると、その不安を強さに変えていきたいと思えてくる。そんなことを考えていたらいつの間にか眠りについていた。

＊　　＊　　＊

　そうして飛行機はスウェーデンのストックホルムに着陸。乗り換えをしてこれから1年を過ごすルレオの空港に到着した。5月のルレオ。1カ月前はまだまだ雪が残っていたけれど、もうすっかり雪も解けて初夏の気候となっていた。ゲイカップルである僕らは、本当の意味での子育てのはじめの一歩をここで踏み出すのだ。3人で始まる僕らの新しい生活。次に現実になる言霊はなんになるだろう。僕らは息子くんをしっかりと抱き、ルレオの空港を出る。僕らの新しい旅が始まった。

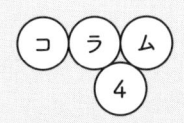

スウェーデンのひいおばあちゃんから
学んだ、日本風差別

　僕らの息子くんが生まれスウェーデンで過ごす中でさまざまな親戚縁者に会うことも多くなった。ある夏の日、僕らの息子くんから見て、ひいおばあちゃんの妹にあたる人を訪ねた。調べたらちゃんと呼び名があって、曽祖叔母と呼ぶらしいのだが、なじみがないので、ここではひいおばあちゃんと呼ばせてもらうことにする。夏の休暇シーズン、彼らの子どもや孫たちも何人か集まっていて、息子くんのお披露目も兼ねてそこに僕ら親子3人おじゃました。

　ひいおばあちゃんはひいおじいちゃんとふたり暮らしで、まだまだご健在。おふたりとも90歳前後らしいが、耳がちょっと悪い以外は元気にしゃきしゃきと生活している。認知症の「に」の字も感じないくらい、人の名前もはっきり覚えているし、政治の話題で侃々諤々議論している。僕らに子どもができたということは、前から聞いていたようで、僕らの息子くんを見るなりあやしてくれたり、日差しよけのパラソルを用意してくれたりと、大歓迎。もちろん、息子くんもたくさん話題にのぼる。

「今何カ月だっけ？」

「○カ月だよー。」

「よく眠る？　よく食べる？」

「うん、昨晩なんて8時間寝たよ。」

「生まれたとき、何グラムだった？」

「だいたい3,000ぐらいだったかな」

「昔は布おむつだったけど、今は紙おむつねー」

「そう、紙のほうが楽だよね、高いけど」

「アメリカで生まれたんだって？　どこの州？」

「○○州だよ」

「なんでそこだったの？」

「代理母さんがもともと住んでるとこだからね」

「いい人だった？」

「うん、とっても」

「ところで、今は仕事どうしてるの？」

「ふたりで父親休暇とってる」

「今の時代はいいわねー」

なんて感じ。こうやってさりげない会話で流れてしまいそうだが、これ日本だったらちょっと考えられないなって思ったりしていた。ようは大正とか昭和初期生まれのひいおばあちゃんが、自分のひ孫がゲイで外国人と同性婚して、代理母出産で生まれた子どもを連れてきた、って話をさらっとしてる。

聞くところによると、このひいおじいちゃんは昔政治家でもあったらしく、その妻であるひいおばあちゃんも、その政党の女性の権利を向上させる集まりとかの活動をしていたらしい。もちろん今は現役じゃないけれど、常に変化する時代の流れや政治に関して、今も敏感に情報を仕入れたりしているというのが、他の会話からもわかってくる。そんな人たちだからこそ、ゲイが子どもを育てているということは、もう別段特別なことではないのかもしれない。

スウェーデンで過ごす、こういった日常の中で感じるのは、今の生活が日本でも同じようにできただろうか、ということ。ごく稀に「日本にはLGBTQに対する差別はない」と言う人がいるが、それは僕は違うと断言する。日本の差別というのは欧米のようにあからさまに目に見える差別じ

244

ゃないからそう言えてしまうのだろうが、日本の差別は、無視するという
かたちの差別。それは無知であったり、知ろうとしないという言葉でも当
てはまるかもしれない。僕自身も日本で育ち30年は暮らしたから、そんな
日本が悪いとか、欧米に追従すべきだ、みたいな、わかったふうなことは
言うつもりはない。だいたい社会の素地が違い過ぎるからコピペは無理だ。

　けれど、自分の好きになった人が同性だったから家族に紹介できないと
か、同性カップルだから子どもをもちたいという希望すら言えない空気。
それはやっぱり社会がつくり出したものであり、日本らしい差別だと思う。

そんな空気とは真逆
のこのひいおばあち
ゃんとの会話が明る
くあたたかい光のよ
うに感じただけに、
その光は日本風差別
を陰として浮き出た
せた気がした。日本
にいたとき、僕自身
もゲイであることを

ひいおばあちゃんと

理由に差別をされた、という実感はなかった。ただ、知らず知らずのうち
に隠さなきゃいけないって感じるようになって、隠してただけ。それは自
分では差別だと思わなかっただけ。差別じゃないと思い込まされてたとも
言えるかもしれない。

　結婚して、子どもができて、それが当たり前とは思わない。けれど、そ
れが僕らの日常になっていって、それが社会の中に溶け込んでいる。賛成
する人も反対する人もいるけれど、それは、存在を無視されていないとい
う社会。「差別はだめ」と誰かから教わる他人事のようなものではなく、「な
ぜだめなのか」から考えて議論が交わされ、その積み重ねが社会の財産と
なっていく。これからの日本もそうであって欲しいと切に願う。

わたしたちが星の家族になるまで

「自分はゲイだ。今彼氏がいる」と兄が私に告げたのは、彼が20歳、私が15歳頃だったと思います。私はその後自分のベッドに戻りそこで泣いたことを覚えています。その涙は、兄が若くして死んでしまうかもしれないという恐れからくるものでした。エイズによって死んでしまうかもしれない、ゲイを嫌う若者から殺されてしまうかもしれない。その夜、母を頼って寝室に行くと、彼女もひとり泣いていました。彼女の涙は、ゲイとして生きる息子の残りの長い人生が、茨の道を歩むことになるのではないかという心配からでした。また自分がそうしてきたように息子が親としての喜びを得ることができない、そしてまた孫の顔を見ることができないのかということも、その涙の理由でした。それは90年代の半ばのこと。当時のスウェーデンの同性愛者における環境は、現在とはかけ離れたものだったのです。

あれから20年、スウェーデンはさまざまな変遷をたどってきました。今日、オープンに生きられる同性愛者も増えてきました。性的指向による差別その他の不快な扱いも禁止されています。同性愛者に対するヘイトクライムは減少しました。ＨＩＶ陽性者も治療を受ける権利が確立したことで、エイズの発症を抑え長く良い人生を送ることができるようになりました。同性同士での結婚も可能になり、養子縁組や生殖補助医療によって子

ともをもつ権利も保障されています。また病院、学校、幼稚園などの公共団体などではＨＢＴＱ（スウェーデンではＬＧＢＴＱのことをこう表現する。Homosexual, Bisexual, Transgender, Queer の頭文字を組み合わせた表現）に関する教育や研修を受けた証明書を取得するなどの動きがあり、子どもが小さいうちから、星の家族たち（星のようにたくさんの多様性のある家族があることをスウェーデンはこう表現する）について学ぶことができます。

　兄は長い間日本に住んでいて、その間は今ほどまめに連絡をとってはいませんでした。しかし、ある日兄から連絡があり、ロンドンへ引っ越してくること、そしてさらに結婚するということを聞いて、これ以上の喜びはありませんでした。彼が生涯連れ添う伴侶と出会えたこと、私にとっては兄が遠い国から欧州へと戻ってくること、それは大きな幸せでした。残念ながら私たち家族は、彼らの結婚式自体には参加することができませんでしたが、その直後、亡き祖父の農場であったサマーハウスに親戚一同集まり、結婚のお祝いをしました。それまで家族以外の親戚は、兄がゲイであることを知らない人もいたので、その結婚パーティは、結婚とカミングアウトのふたつのお祝いになりました。パーティにきてくれた親戚一同、兄がゲイであることを受け入れ、結婚について喜んでくれました。私の義兄として、また兄の夫として、これ以上ないほど優しく、あたたかく、そして素敵なミツオ（みっつんの本名）にはじめて会ったのは、このパーティの数日前でした。

　その数年後、兄たちはサロガシーで子どもを授かることを考えていると教えてくれました。そのとき私はふたり目の子どもを妊娠しており、そのときの心情はふたつの気持ちが入り混じったものでした。ひとつは嬉しいという気持ち。子どもをもち育てるという、自分の人生の中で最高の喜びを彼らも経験しようとして、その一歩を踏み出したということ。その一方で彼らの子どもをお腹の中に抱えることになる女性に思いを馳せました。

後に他のカップルに引き渡す子どもを9カ月間お腹で育てるときの気持ち
というのを考えるのは、私にとっては難しいものだったのです。

　私の甥っ子がこの世界にやってきて3年が経った今日、彼は全ての家族
や親戚から愛を受け育つ、小さな奇跡として存在し続けています。兄は今
まで、アムステルダム、東京、そしてロンドンと大都市で暮らすゲイのひ
とりでしたが、今は結婚をし、子どもをもち育て、スウェーデンの小さな
地方都市に住んでいます。茨の道を歩むのでは……あの頃に想像した未来
とは違う人生を送る機会を、兄はもつことができました。そんな兄が今、
このスウェーデンに暮らすことができることを嬉しく思います。

スウェーデンにおける生殖補助医療の現状

　僕らが現在住むスウェーデンではサロガシーを行うことができない。正確に言えば、日本と似たような現状でそれに関する法律がないと言ったほうがいいかもしれない。しかし、今後許可されていく方向にあるかと言えば、そうではない。サロガシーに関しては強い反対の意見がある。その理由として、フェミニズムの影響が強いこの国では、代理母となる女性の体に関することについて、その自己決定権が子どもを引き渡す際の交渉において脅かされる危険性を指摘されるからだ。しかし僕らの息子くんのように、スウェーデン国外でのサロガシーによって生まれてきた子どもも、この国では他の子どもたちと同じ権利をもち、生きていくことが認められている。

　一方で、自らが「産める性」である女性であれば、非常に安い治療費でＩＶＦを含む生殖補助医療を受けることができる。それは異性間カップルであろうが、独身の女性であろうが、またレズビアン女性であろうが受けられる。地方分権が基本のスウェーデンでは、医療システムにおいても地方ごとにその条件などが変わってくるが、一例としてこんな感じだ。

・3回までのＩＶＦを含む診察代は1回200kr（スウェーデンクローナ、2019年6月の平均相場は1kr＝約11.08円）
・指定の病院が遠距離の場合、交通費とホテル代支給
・処方箋（注射器なども含む）は上限2500krで、それ以上は無料
・受精した胚の凍結保存も3年間無料
と、驚くほどの待遇ぶりだ。しかし一方で、「産めない性」である男性に

とっては、なかなか厳しい状況であったりする。

　ゲイが子どもをもつ方法として、養子かサロガシーの2択になりやすいことは本書でも書いている。ただサロガシーが無理となると養子を選びたいのだが、高福祉社会であるこのスウェーデンでは、養子に出される子どもたちというのが極端に少ないという（いいことだ！）。すると必然的に、国際養子縁組を考えなくてはならない。しかし養親を待つ子どもたちがいる国々は開発途上国であることが多く、ＬＧＢＴＱへの理解が少ないことでゲイカップルへ養子に出すことをためらうケースが多い。その結果なかなか養子縁組が成立しないことが多いという。

　以上のような背景があるスウェーデン。人権や平等を謳いその分野で先進国ではあるが、「産めない性」である男性は子どもをもつ選択肢が少なく、平等性に欠けていると僕は感じている。だからと言って、そこを解決するための論議には消極的なように感じる。理由は違うが日本と同じようにサロガシーについて話すことがタブー視されているからではないだろうか。その論議を始めてしまうと、スウェーデンにおける生殖補助医療の現状とその平等性の矛盾を突きつけられてしまうからかもしれないと、個人的には考えている。

　2019年のルレオのプライドフェスティバルでは、ＬＧＢＴＱに関する政策の各政党のパネルディスカッションが行われた。その中でサロガシーの話題も出たのだが、条件付きで認める政党と完全に禁止したい政党と意見が分かれていた。今後ともこの国のサロガシーに関する話題を、見つめていきたいと思う。

あとがき

　「ふたりぱぱ」のブログを始めた2015年から、本書が刊行される2019年夏までの間に日本のいわゆるLGBTQと呼ばれる性的少数者における状況は劇的に変化した。声をあげられる当事者が増えているということ、自治体ベースの同性パートナーシップ制度の開始とその自治体数の増加、いまだその報道のありかたを探りながらも増加するマスメディアの特集。僕自身も各種媒体からの取材依頼や、日本に一時帰国した際には講演の依頼を数多く受けたのだが、同性カップルが子どもをもつことも、結婚の平等化推進の活動と併せてとりあげられているのは、嬉しい限りだ。

　しかし、それと同時に、旧態依然としたテレビのバラエティでは30年の時を経て「ホモ」をネガティブなものとして笑いをとるキャラクターを復活させたり、一部国会議員の「LGBTは生産性がない」発言など、進歩的な社会の流れに逆らうようなバックラッシュが存在する。それ自体は本当に残念なことなのだが、それにとどまらず、そういった発言や表現に抗議の意を示す人が多くなったことは本当に心強い。SNSの普及がその大きな一因であるとともに、特筆すべきはLGBTQの当事者でない人たちからの声も大きなうねりとなって、社会の中での論議につながったからだろう。僕自身、ここで当事者という言葉を使ったのだが、実際には当事者と

非当事者というくくりはあってないようなものと考えている。

　「生産性」発言を例にとると、もとはＬＧＢＴＱを標的にした意見だった
わけだが、ＬＧＢＴＱ以外にも子どもをもちたくてももてない人は存在す
るし、子どもの有無でその人の生産性を語るというのは、戦時中の「産め
よ増やせよ」教育の賜物。そして無知の賜物でもある。ちなみに、差別と
いうのは一部の当事者が受けて不利を被るだけではなく、その矛先はいつ
でも時代の風を受ける風見鶏のように違う方角に向く可能性のあるもの。
「生産性」発言ではたまたまＬＧＢＴＱにベクトルが向けられたが、それを
放っておいたらいつかそのベクトルがそうでない人に向く可能性は容易に
想像できる。その危機感みたいなものを多くの人が感じた結果、ＬＧＢＴ
Ｑでない人をも巻き込み議論が行われるまでにいたったのだろう。差別の
問題というのは、当事者か否かで語られるものではなく、社会の中に差別
が生まれたとしたら、その社会の中にいる人間は全てが当事者なのだ。被
差別者が、別の場面では無意識に差別する側に回ることはよくある。「差
別の意図はありませんでした」と言う人は「私は差別はしていません」と弁
明したいわけだが、それは自分が差別に加担していたことに気づいていな
いだけなのだ。そこは自分を含め起きうることであり、そうならないよう
肝に命じている。

　閑話休題。先述の通り取材を受けることも増えたのだが、僕がスウェー
デンに住んでいる故か、ここと比べいかに日本が遅れているかということ
を訴える声をよく聞く。確かにスウェーデンは進んでいる部分が多々ある。
しかし、それを聞くたびに、そんなに悲観しなくてもと思ったりもする。
個人的には、日本も変化を遂げていて希望の光が見えるのではないか、と。
おそらくそれは浦島太郎効果なのかもしれない。僕が日本を出てロンドン
で暮らし始めたのが2011年。あの頃のことを考えると、僕は職場などで

誰にでもカミングアウトしていたわけではなかったし、それができる社会だとは思っていなかった。また、あの頃は結婚の平等化を求める訴訟が日本で起こされるとは思っていなかった。しかし、顔を出して取材を受ける人たちも増えてきたようだし、着実な変化が積み重ねられている。国内にいると実感しにくいかもしれないし、解決しなければならない問題が次から次へと出てくるように見え辟易してしまうけれど、日本も良くなっていっているのもやはり事実だ。今は離れて暮らしているが、そんな故郷への窓口となるブログを通じ、これからも発信を続けなにかお役に立てればと考えている。

　そのブログでは大きく分けてふたつのカテゴリーがあり、ひとつはこの「サロガシーの旅」。そしてもうひとつは「息子くんへの手紙」という、公開書簡の体をとった日記のようなものである。それはあるとき思いつきで始めたのだが、その理由は手紙の第一通目の一部を読むと、なんとなくわかっていただけるかもしれない。

　"未来の君は、ちょっとませちゃったりなんかして、「そんなくだらないことブログで人に見せんなよ」とか思っているかもしれないけど、まぁ、そこは許せ、息子よ。でも、パパたちは見て欲しい、知って欲しいと思うんだ。君が生まれて4カ月が経って、パパたちも親になって同じように4カ月が経った。パパたちは君が生まれる前は、自分たちが誰かの親になるなんて、不可能だと思っていた。だけど、実際なってみると、びっくりするほど毎日の生活は日常になっていって、すっかり当たり前の毎日を過ごしている気がする。毎日のことがどうでもいいとか、つまらないとかって、思っているわけではないけれど、本当は特別な毎日が、いつのまにか当たり前の渦に巻き込まれて、忘れていってしまうような気がしている。そしてそれはもったいないなって思ってる。だから、そ

の、「ほんのちょっとした当たり前に見えるけど本当は特別な毎日」を残しておきたいと強く思っているし、僕らの日常がまだ日常じゃない人に、読んでもらって、未来の希望をもつために、少しでも役にたてばと思っている。"

　僕らのサロガシーの旅は終わったわけだが、それは僕らのパパライフの始まりでもあった。図らずも、パイオニアだなんて呼ばれたりすることも多く、正直それはプレッシャーとなってのしかかるときもあった。ゲイパパとして失敗したら「ほらやっぱりゲイに子育ては無理なんだよ」と言われるんじゃないかと怖くもなったし、また裏を返せば「いい親でいなければならないのか？」ということを無意識に感じるようにもなっていた。しかしこの「息子くんへの手紙」を書くことによって、そこから解き放たれた。毎日の生活を振り返るその作業は、俯瞰して見ることで、そういったプレッシャーからも、育児の大変さからも楽にしてくれた。それとともに、ゲイが親になっても大して特別なことってないな、と再確認した。そこに失敗も成功もなく、ただ淡々と過ごす毎日の一瞬一瞬が大事なのだと。そして、ゲイカップルだろうが男女のカップルだろうがそこに違いはないのだ。

＊　　＊　　＊

　本書の出版にあたり、お声をかけていただき、膨大な量のブログを読んでくださった上、はじめての出版作業を一から手ほどきいただいた現代書館の山田亜紀子さん。厳しいスケジュールの中、陰に日なたとなって支えてくださったこと、心より感謝しています。そして、このような「ふたりぱぱ」の雰囲気にぴったりの本が出来上がったのは、デザイナーの伊藤滋章さんのおかげです。また、ブログを始める背中を押していただき、ブログ・本書のイラストまで手がけていただいた小野春さんへは、どうやってこの感謝の気持ちをお伝えしていいか、その言葉が見つからないほどの思

いでいっぱいです。本当にありがとうございました。

　最後に、この本に関心をお寄せいただき読んでいただいた全ての方々へ
感謝の意を。そしてこのように書籍化につながったのも、日頃より「ふた
りぱぱ」をあたたかく見守っていただいているブログの読者のみなさまの
お陰だと信じてやみません。こうして、本というひとつのかたちになった
ことが、少しでもその恩返しとなっていれば幸いです。

2019年6月　ルレオのプライドパレードの朝に

みっつん

あとがき

著者………………………………みっつん

名古屋市生まれ。
2011年、スウェーデンの法律の下、結婚。
同年、夫リカとともに東京からロンドンへ移住。
2016年、サロガシー（代理母出産）により男児を授かったのを機に、
夫の出身地であるスウェーデン、ルレオに移住、現在にいたる。
ブログ「ふたりぱぱ」で、サロガシーの経験や子育て日記を綴ったり、
SNSなどでその普段の様子をシェアしている。

カバーイラスト………………………………小野 春
ブックデザイン………………………………伊藤滋章

ふたりぱぱ
ゲイカップル、代理母出産の旅に出る

2019年8月24日　第1版第1刷発行

著者…………………………………… みっつん
発行者………………………………… 菊地泰博
発行所………………………………… 株式会社現代書館
〒102-0072 東京都千代田区飯田橋3-2-5
電話 03-3221-1321　FAX 03-3262-5906
振替 00120-3-83725
http://www.gendaishokan.co.jp/
印刷所………………………………… 平河工業社(本文)
東光印刷所(カバー・表紙・帯・別丁扉)
製本所………………………………… 積信堂

校正協力：高梨恵一

©2019 futaripapa.com　Printed in Japan
ISBN978-4-7684-5862-4
定価はカバーに表示してあります。
乱丁・落丁本はお取り替えいたします。

本書の一部あるいは全部を無断で利用（コピー等）すること
は、著作権法上の例外を除き禁じられています。但し、視
覚障害その他の理由で活字のままでこの本を利用できない
人のために、営利を目的とする場合を除き、「録音図書」「点
字図書」「拡大写本」の製作を認めます。その際は事前に当
社までご連絡ください。また、活字で利用できない方でテキ
ストデータをご希望の方はご住所・お名前・お電話番号を
ご明記の上、左下の請求券を当社までお送りください。

活字で利用できない方のための
テキストデータ請求券
『ふたりぱぱ』